MARCO POLO

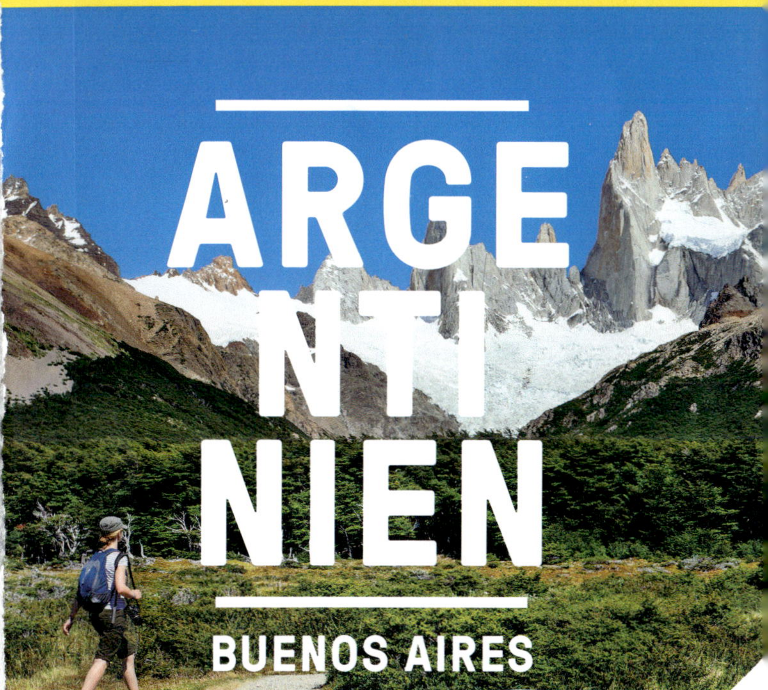

ARGENTINIEN

BUENOS AIRES

MARCO

Juan

Der Jo … d hat fü… Theate… nd einer F… feines Gespür für den Blick des Ausländers im fremden Land gewonnen. Seit 20 Jahren schreibt er für führende Verlage (Geo, DuMont, MARCO POLO) über Reisethemen.

DIE TOUREN-APP

zu den Erlebnistouren zeigt, wo's langgeht: inklusive Tourenverlauf und Offline-Karte

EVENTS & NEWS

Schnell die wichtigsten Infos auf dem Smartphone: Events, News, neue Insider-Tipps und ggf. aktualisierte Erlebnistouren als PDF zum Downloaden

HOLEN SIE MEHR AUS IHREM MARCO POLO RAUS!

SO EINFACH GEHT'S!

1 go.marcopolo.de/arg

2 downloaden und entdecken

GO!

OFFLINE!

SYMBOLE

INSIDER TIPP	Insider-Tipp
★	Highlight
●●●●	Best of ...
(Aussicht-Symbol)	Schöne Aussicht
(Grün-&-fair-Symbol)	Grün & fair: für ökologische oder faire Aspekte
(*)	kostenpflichtige Telefonnummer

PREISKATEGORIEN HOTELS

€€€	über 80 Euro
€€	30–80 Euro
€	unter 30 Euro

Die Preise gelten pro Nacht für ein Doppelzimmer mit Frühstück in der Hochsaison

PREISKATEGORIEN RESTAURANTS

€€€	über 20 Euro
€€	10–20 Euro
€	unter 10 Euro

Die Preise beziehen sich auf ein Menü mit Brot, Vorspeise, Hauptgericht, Nachtisch und Tischwein

GUT ZU WISSEN
Geschichtstabelle → S. 14
Spezialitäten → S. 28
Sicher durch Buenos Aires → S. 43
Retro auf Argentinisch → S. 46
Lesehunger & Augenfutter → S. 83
Gold oder Gletscher? → S. 97
Feiertage → S. 121
Währungsrechner → S. 125
Was kostet wie viel? → S. 127
Wetter → S. 128
Aussprache → S. 130

KARTEN IM BAND
(136 A1) Seitenzahlen und Koordinaten verweisen auf den Reiseatlas
(U A1) Koordinaten für die Karte von Buenos Aires im hinteren Umschlag
(0) Ort/Adresse liegt außerhalb des Kartenausschnitts

Es sind auch die Objekte mit Koordinaten versehen, die nicht im Reiseatlas stehen

(A–B 2–3) verweist auf die herausnehmbare Faltkarte
(a–b 2–3) verweist auf die Zusatzkarte auf der Faltkartenrückseite

UMSCHLAG VORN:
Die wichtigsten Highlights

UMSCHLAG HINTEN:
Karte von Buenos Aires

Die besten MARCO POLO Insider-Tipps

Von allen Insider-Tipps finden Sie hier die 15 besten

INSIDER TIPP Moderne Kunst mit Ausblick und in historischen Gebäuden
Internationale Avantgarde in privilegierten Ausstellungssälen: Das finden Sie in Buenos Aires in der *Fundación Proa* mit herrlichem Blick von der Terrasse auf das La-Boca-Viertel und in einer ehemaligen Zigarettenfabrik in San Telmo, die heute Sitz des *MAMBA* ist → S. 37, 38

INSIDER TIPP Die anderen Wasserfälle
Am Río Uruguay an der brasilianischen Grenze in Misiones erstrecken sich auf 3 km Breite die Wasserfälle der *Saltos del Moconá,* umgeben vom Urwald – und ohne den Touristenandrang der noch etwas weiter nördlich gelegenen, weltbekannten Iguazú-Fälle → S. 89

INSIDER TIPP Stonehunting und Wasserschweine
Der Fluss Uruguay schwemmt *Halbedelsteine* wie Achate an und bietet Lebensraum für die riesigen Nager → S. 82

INSIDER TIPP Einladung zum Tangotanz
Im Club *Sin Rumbo* sitzen tagsüber Pensionäre beim Kartenspiel an den Tischen und abends wird Tango getanzt. Einige Tanzstars haben ihre ersten Schritte in dem unscheinbaren Lokal eines abgelegenen Stadtteils in Buenos Aires gelernt → S. 49

INSIDER TIPP Landgut mit Charme
Werden Sie zum Gaucho: Gut zwei Stunden südlich von Buenos Aires tauchen Sie auf der *Estancia Dos Talas* mit ihrem breiten Angebot für ein, zwei Tage ein in die Natur der Pampalandschaft und die Geschichte der argentinischen Patrizierfamilien → S. 52

INSIDER TIPP Lichterzauber vor dem Andenhimmel
Im Weindorf Molinos bei Cachi versetzen Sie die skurrilen *Lichtinstallationen* des US-amerikanischen Land-Art-Künstlers James Turrell in einen tranceähnlichen Zustand → S. 74

INSIDER TIPP Weinlandschaften

Die Weingüter *Salentein, Colomé* (Foto u.) und *Etchart* locken mit Weinproben und Unterkunft in der schönen Landschaft der argentinischen Weinprovinzen am Fuß der Anden → S. 71, 74, 104

INSIDER TIPP Versteinerte Wälder

Der *Bosque Petrificado José Ormaechea* in der patagonischen Steppe lässt noch nach Jahrtausenden die Struktur der Araukarienstämme erkennen → S. 93

INSIDER TIPP 276 Stufen über dem Ozean

Vom Leuchtturm *Faro Querandí* bei Villa Gesell an der argentinischen Badeküste liegt Ihnen der Atlantische Ozean zu Füßen → S. 59

INSIDER TIPP Jurassic Park in Patagonien

Das *Valle de los Dinosaurios* in der Provinz Neuquén: eine der bedeutendsten Dinofundstellen der Welt → S. 97

INSIDER TIPP Sechstausendern aufs Dach steigen

Wer zum Bergsteigen nach Argentinien kommt, findet in den *Anden von Catamarca* lohnende Ziele → S. 116

INSIDER TIPP Off-Theater

Im *Camarín de las Musas* in Buenos Aires wird international anerkanntes Theater gespielt → S. 50

INSIDER TIPP Bizarre Berglandschaft und Indianerdörfer

Der Weg ist das Ziel auf der *Fahrt nach Cachi* (Foto li.) → S. 73

INSIDER TIPP Musik im Museum

Ein *Konzert im Museo Isaac Fernández Blanco* in Buenos Aires versetzt Sie in die vergangenen Zeiten des kolonialen Barocks → S. 38

INSIDER TIPP Eine Nacht mit Dinos

Das *Museo Egidio Feruglio* in Trelew hat besondere Angebote, um Kinder lebensnah in die Zeit der Dinosaurier zu versetzen → S. 119

BEST OF ...

TOLLE ORTE ZUM NULLTARIF

Neues entdecken und den Geldbeutel schonen

SPAREN

● ***Kunst und Kultur in Buenos Aires***
Im größten Kulturzentrum in Buenos Aires, dem *Centro Cultural Kirchner (CCK)* im Gebäude der ehemaligen Hauptpost, ist das gesamte Programm frei zugänglich → S. 50

● ***Musik und Workout am Strand***
Am Spätnachmittag geht es los: Vor den Strandrestaurants in Pinamar machen Hunderte bei den Fitnesssessions zu Musik mit. Und dann geht das *Après Beach* weiter mit Gratiskonzerten der lokalen Rock-, Reggae- und Popheroen wie Babasónicos, Vicentico oder Los Cafres → S. 58

● ***Birdwatching am Atlantik***
An der Südspitze der Bahía de Samborombón befindet sich eine Kreuzung verschiedener Zugvogelwege – ideal zum Beobachten und Fotografieren von Flussseeschwalbe, Wasserläufer, Regenpfeifer & Co. in der gratis zugänglichen *Reserva Punta Rasa* → S. 61

● ***Recoleta-Friedhof***
Die ganz umsonst zugängliche Totenstadt im feinsten Stadtteil von Buenos Aires verrät in den Skulpturen mancher der monumentalen Gräber Details aus dem Leben der Verstorbenen. Bei anderen geht es darum, deren einstige Macht auf Erden zu veranschaulichen (Foto) → S. 42

● ***Auf zwei Rädern durch die Hauptstadt***
Es gibt knapp 200 km Fahrradwege an den Straßen der argentinischen Hauptstadt. An gut 150 Stationen können Sie die gelben *Stadtfahrräder* ausleihen. Es sind zwar nicht die modernsten, man kommt aber mit ihnen oft schneller als mit dem Bus weiter – und die erste Stunde (am Wochenende die ersten zwei) ist umsonst! → S. 47

● ***Das größte Kunstmuseum***
Im *Museo Nacional de Bellas Artes* in Buenos Aires wird kein Eintrittsgeld erhoben. So können Sie die umfangreichen Sammlungen ohne zusätzliche Kosten in mehreren Teilbesuchen bewundern → S. 39

● ● ● ● Diese Punkte zeichnen in den folgenden Kapiteln die Best-of-Hinweise aus

TYPISCH ARGENTINIEN

Das erleben Sie nur hier

Ein Land der Pferde

1,5 Mio. Pferde soll es in Argentinien geben. Auf den *estancias* in der Provinz Buenos Aires sind Ausritte ein Muss. Und in den Anden sind Pferde die besten Besteiger der Bergpfade → S. 52, 69

Fußball in La Boca

Fußball wird überall gespielt, auf dem Parkgras, am Strand und natürlich in den Stadien. Nichts geht aber über das Erlebnis eines Besuchs in der *Bombonera,* dem Stadion des legendären Hauptstadtclubs Boca Juniors → S. 37

Tango

Fein herausgeputzte Paare, die bei Tageslicht ihre Großelternrolle ausüben, ziehen beschwingt über den Tanzboden. Junge Damen lassen sich vom präzisen Takt erfahrener Tänzer führen. Und wer nicht tanzen möchte oder kann, genießt die Musik bei einem Glas Wein im *Torquato Tasso* in Buenos Aires → S. 49

Trekking in den Anden

Im Wanderparadies um den kleinen patagonischen Ort El Chaltén gibt es Dutzende leicht begehbare und klar gekennzeichnete Trekkingpfade um die kolossalen Gipfel des *Cerro Fitz Roy* (Foto) → S. 93

Asado

Nirgends ist Fleisch schmackhafter als in Argentinien, vor allem, wenn es auf der *parrilla* oder am Grillspieß sachgemäß zubereitet wird. Das Geheimnis: Die Rinder weiden das ganze Jahr frei auf den weiten Grasflächen der Pampa. Stilecht genießen Sie ein *asado* auf einer *estancia.* Aber auch in jedem Ort finden Sie *parrillas* (Grillhäuser) → S. 27, 52

Indianermärkte

Es sind meist Frauen, die ihre Webwaren, Tongefäße und anderes Kunsthandwerk zum Verkauf ausstellen. In *Purmamarca* können Sie u. a. farbige Westen, Kinderjacken und breitkrempige Hüte erwerben → S. 77

Wale und Pinguine

Ein Wal oder eine Million Pinguine: Beide Bilder sind typisch für die patagonische Küste. Aber auch Seeelefanten und Schwertwale können Sie rings um die *Halbinsel Valdés* bestaunen → S. 95

BEST OF ...

SCHÖN, AUCH WENN ES REGNET

Aktivitäten, die Laune machen

Ein Tee im Kunstmuseum

Das Café im *MALBA*, dem Museum für lateinamerikanische Kunst in der Hauptstadt, bietet Ihnen auch bei Regenwetter einen schönen Ausblick durch seine Fensterwand → S. 38

Ökomuseum in Puerto Madryn

Im modernen *Ecocentro Mar Patagonia* können Sie statt dem Rauschen des Regens dem Gesang der Wale lauschen → S. 96

Mumien in Salta

In Saltas *Museo de Arqueología de Alta Montaña* können Sie eine virtuelle Tour unternehmen, um die heilige Inkastätte der Kindermumien auf dem Vulkan Llullaillaco kennenzulernen → S. 72

REGEN

Durch Dantes Inferno

Das fast 100-jährige Hochhaus *Palacio Barolo* in Buenos Aires wurde als eine Art architektonische Nacherzählung der Göttlichen Komödie von Dante Alighieri gebaut. Die Führung endet bei Imbiss und Musik mit einem tollen Rundblick über die (verregnete) Stadt aus der Kuppel → S. 36

Wasser von allen Seiten

Die Regenmonate Januar und Februar sind auch die, in denen die *Wasserfälle von Iguazú* am spektakulärsten tosen. Nass werden Sie im Schlauchboot sowieso – und die Sonne scheint bestimmt bald wieder in sommerlicher Tropenstärke → S. 88

Theater in Buenos Aires

Um die 200 (Musik-)Theater zählt Buenos Aires, von der klassischen Oper im Teatro Colón (Foto) bis zur Avantgarde in Independent-Theatern wie dem Camarín de las Musas – da ist garantiert auch für Sie etwas dabei! → S. 50

ENTSPANNT ZURÜCKLEHNEN

Durchatmen, genießen und verwöhnen lassen

ENTSPANNT

Kolibris in Tigre

Mit dem „Wasseromnibus" geht es durch die Deltakanäle bis zur Insel im Unesco-Biosphärenreservat. In den Hängematten und Liegestühlen der *Hostería Los Pecanes* können Sie Stunden damit verbringen, das Schwirren der vier verschiedenen Kolibriarten zu beobachten, die dort an den Nektarnäpfen naschen → S. 53

Tee und Sushi im Japanischen Garten

Über Karpfenteiche und unter Magnolienbäumen hindurch spazieren Sie gemächlich zum Teehaus im *Jardín Japonés* in Buenos Aires, der an Werktagen orientalische Ruhe ausstrahlt (Foto) → S. 39

Bergidylle in Candonga

So geht Entspannung: Unten am Bach trifft man sich im Schatten der Bäume zum Frühstück in der *Posada Las Perdices.* Die Hauswirte setzen sich manchmal zum zweiten Kaffee dazu, und im Hintergrund blöken die Schafe → S. 66

Chillout in Buenos Aires

Wunderbar runterkommen lässt es sich bei guten Drinks und zahlreichen Weinen an der Theke der *Gran Bar Danzón.* Oder – wenn Sie früh genug reservieren! – beim Abendessen am Fenstertisch in der ersten Etage → S. 49

Im Schwebflug über Argentiniens Weinregion

Mit dem Heißluftballon schweben Sie lautlos über die Weinstöcke, auf 60 m Höhe, mit den majestätischen Gipfeln der Anden im Hintergrund und einem Glas Sekt zum Anstoßen. Und im Keller des Weinguts *Familia Zuccardi* können Sie anschließend die besten Tropfen des Betriebs verkosten, etwa den dunkelvioletten Malbec Santa Julia → S. 71

Zeltspa in den Bergen

Patagoniens Seen und Wälder säumen das von den Mapuche geschätzte Wunderwasser der Thermalbäder von *Lahuen Co* zu Füßen des Vulkans Lanín → S. 93

AUFTAKT

ENTDECKEN SIE ARGENTINIEN!

Tango und Patagonien: Das sind die beiden häufigsten Assoziationen zu Argentinien, die das Land weltweit einmalig machen. Zwischen der Intimität des Tanzes in der ***Metropole Buenos Aires*** und der immensen Einsamkeit Patagoniens finden Reisende in ein und demselben Land ganze Welten: das Echo der inkaischen Zivilisation in der Puna, der Hochebene des Nordwestens; die tropische Exotik um die Wasserfälle von Iguazú; die Weinrouten in Mendoza und Salta; die Spuren der spanischen Kolonialherrschaft in Córdoba ...

Nach Brasilien ist Argentinien der ***zweitgrößte Staat Südamerikas***. 3700 km liegen zwischen der nördlichsten und der südlichsten Stadt des Landes, 1423 km misst seine größte west-östliche Ausdehnung – Platz genug für ein höchst abwechslungsreiches Angebot an Städten, Landschaftsformen und Klimazonen. Dabei teilen sich nur 42 Mio. Ew. die 2,8 Mio. km^2 Gesamtfläche. Von diesen wiederum leben allein 13,9 Mio. im Großraum Buenos Aires, das heißt in der Hauptstadt und dem Ring von Vorstädten, der sie umgibt. Ansonsten ist das weite Land dünn besiedelt.

Zwischen dem 22. und dem 55. Grad südlicher Breite bietet Argentinien alle erdenklichen Lebensräume: tropische Regenwälder im äußersten Nordosten, Kakteenwüs-

Bild: Cerro Fitz Roy im Nationalpark Los Glaciares in Patagonien ten im Hochland der Anden bei Jujuy, blau gleißende Gletscherfelder in der Patagonischen Kordillere, unglaubliche Weiten der Pampa und die atemraubende patagonische Hochebene. Die Anden locken mit zerklüfteten Massiven. ***Der König unter den Bergen*** heißt Aconcagua; er wirft seinen Schatten aus einer Höhe von 6962 m auf die Provinzhauptstadt Mendoza.

Entgegen den Verhältnissen in Europa nehmen hier die Wärmegrade von Nord nach Süd kontinuierlich ab. In Ushuaia auf Feuerland, der ***südlichsten Stadt der Erde***, zeigt das Thermometer mit einer sommerlichen Temperatur von 12 Grad gut 15 Grad weniger an als in der Hauptstadt Buenos Aires am Río de la Plata. Richtig heiß wird es im Sommer (November–Februar) in den Hochanden, der Puna. Bei ***40 Grad im Schatten*** wird die Siesta von den Coyaindianern, den Nachfahren der Inkas im Nordwesten Argentiniens, verständlicherweise streng eingehalten. Auch im äußersten Nordosten, dem tropischen Misiones, geht nachmittags nichts mehr. Mit einer Luftfeuchtigkeit von bis zu 90 Prozent kann es an den ***spektakulären Wasserfällen*** von Iguazú richtig drückend werden. Hier im Grenzgebiet zu Brasilien und Paraguay stürzen sich 275 einzelne Wasserfälle tosend in eine über 70 m tiefe Schlucht – eines der ganz großen Naturschauspiele dieser Welt.

Regenwälder und Kakteenwüsten prägen die Landschaft im Norden

Salta im Nordwesten des Landes zählt zu den landschaftlich, historisch und kulturell interessantesten Provinzen. Hier sind noch viele spanische Kolonialbauten erhalten.

16.–18. Jh. Der Spanier Juan Díaz de Solís entdeckt 1516 die Mündung des Río de la Plata. Buenos Aires, 1580 gegründet, wird 1776 Hauptstadt des Vizekönigreichs Río de la Plata (heutiges Argentinien, Uruguay, Bolivien, Paraguay und Teile Brasiliens)

1816 Das Vizekönigreich erklärt sich unabhängig von Spanien. Uruguay, Bolivien und Paraguay spalten sich ab

1880 Durch Einwanderer aus der Alten Welt Entwicklung zur Kornkammer Europas

1930 Soziale Unruhen nach der Weltwirtschaftskrise 1929.

Die Plaza Cortázar mit ihren Freiluftlokalen ist das Herz von Palermo Viejo, dem „Soho" der Hauptstadt

Eine weitere Attraktion ist der Zug in die Wolken, *el Tren a las Nubes,* der auf 185 km eine Steigung von 2800 Höhenmetern überwindet. Im sonnigen Weinanbaugebiet Mendoza und San Juan reifen argentinische ***Spitzenweine***. Im Süden des Landes, in Patagonien, bedecken karge Steppen das weite Tafelland, das mit felsiger Steilküste zum Atlantik abfällt. Hier leben Magellanpinguine, Seeelefanten, Delphine, Seelöwen und gewaltige Bartenwale.

Die Hauptstadt Buenos Aires scheint völlig losgelöst von diesen urzeitlichen Landschaften zu existieren. Keine Großstadt Lateinamerikas ist kulturell, architektonisch und atmosphärisch europäischer geprägt als diese riesige Hafenstadt. Es heißt, die Einwohner der Metropole, die *porteños,* lebten mit dem Blick starr auf Europa gerichtet und kehrten dem restlichen Land den Rücken zu.

Argentinien hat wie die anderen lateinamerikanischen Staaten eine lange koloniale Vergangenheit. Seit 1535 gehörte es zum spanischen Kolonialreich, besaß aber keine

Der Militärputsch von General José Uriburu leitet eine Serie militärischer Interventionen ein

1946–55 Erste Regierung von Juan Domingo Perón. Ein Militärputsch zwingt Perón 1955 ins Exil nach Spanien

1955–83 Das Militär regiert direkt oder indirekt mit einem kurzen peronistischen Interregnum. Verfolgung und Ermordung Andersdenkender

1982 Die Niederlage im von der Militärregierung angezettelten Falklandkrieg gegen Großbritannien führt zur Selbstauflösung der Militärjunta und zu Wahlen

Bodenschätze wie Bolivien oder Peru, und statt sesshafter Indianer, die Ackerbau betrieben, durchzogen jagende Nomaden das Land. Den Kreolen, den Nachfahren der Spanier in Argentinien, verhalfen dennoch die aus Europa eingeführten Rinder und die exportintensive ***Viehwirtschaft*** zu Reichtum. Sie wehrten sich jedoch gegen die lästigen Handelsbeschränkungen des Mutterlands und erklärten 1816 ihre Unabhängigkeit von Spanien. Ein Großteil der Fläche des heutigen Argentinien war damals noch Territorium der Indianer. Zwei Militärfeldzüge in die „Wüste" – das „nur" von Indianern bewohnte Land – führten zur erbarmungslosen Vernichtung der Indianerbevölkerung. Gleichzeitig förderte man die Einwanderung aus Europa. So erlebte Argentinien zwischen 1880 und 1930 seine wirtschaftliche Blütezeit, die mit der Weltwirtschaftskrise 1929 endete. Das bis dahin funktionierende Import-Export-System brach abrupt zusammen.

Gletscher und die Hochanden locken im Süden und Westen des Landes

Jene Zeit, in der Argentinien eine der großen Wirtschaftsmächte der Welt war, ist heute noch an den Palästen und öffentlichen Bauten zu erkennen, die die *Estanciero*-Elite damals errichten ließ. Die Residenzen in den ***schicken Vierteln von Buenos Aires***, etwa Barrio Norte und Palermo Chico, sind heute Botschaften und Luxushotels. Und auf der Avenida de Mayo, dem Prachtboulevard der Hauptstadt, stehen noch die Hochhäuser, in denen die blühenden Exportgeschäfte abliefen. Das Teatro Colón, das ehemalige Hauptpostamt, die großen Bahnhöfe und die ***Parkanlagen*** zeugen ebenfalls von vergangenem Reichtum in Buenos Aires. Die *châteaux* auf den *estancias,* den großen Viehfarmen, sind der ***Höhepunkt des Prunks*** inmitten der Pampa. Einige sind heute dem Tourismus geöffnet.

Der erneute wirtschaftliche Aufschwung dank einer vom Staat geförderten Industrialisierung verhalf 1946 Oberst Juan Domingo Perón an die Macht. Er herrschte mit autoritären Zügen. Die Arbeiterschaft brachte er dennoch hinter sich, weil er ihr politische Teilhabe versprach. Ein Militärputsch im Jahr 1955 veranlasste Perón zum Rücktritt. Danach begann eine Phase der wirtschaftlichen Instabilität und wechselnder Militärregierungen. Nach einer kurzen, zweiten Regierungszeit Peróns und seiner Frau Isabel (1973–1976) übernahm das Militär erneut die Macht. Diese Regierung übte bis 1983 eine blutige Diktatur aus, der Zehntausende Menschen zum Opfer

1983–2001
Demokratisierungsprozess. Arbeitslosigkeit und Rezession nach vorübergehendem Aufschwung durch Privatisierungen führen 2001 zu einer schweren Wirtschaftskrise, die im Staatsbankrott endet

Ab 2003
Wirtschaftsaufschwung unter den Mitte-links-Regierungen von Néstor Kirchner und seiner Ehefrau Cristina Fernández de Kirchner. In den letzten Amtsjahren schwindet aufgrund von Misswirtschaft und Korruption der Rückhalt in der Bevölkerung

2015
Der konservative Mauricio Macri gewinnt die Präsidentschaftswahlen

fielen. Erst der verlorene Falklandkrieg, den Argentinien 1982 gegen Großbritannien angezettelt hatte, zwang die Militärjunta zur Selbstauflösung im Jahr 1983. Seitdem ist Argentinien eine föderalistische, republikanische Präsidialdemokratie.

Nur einer von rund 50: Monolith im Parque de los Menhires bei Tafí

Der Wirtschaftsaufschwung Anfang der 1990er-Jahre zog einen Bauboom nach sich. In den Städten entstanden riesige ***Einkaufspaläste***, in Buenos Aires wurden die alten Hafendocks zur Flanier- und Amüsiermeile mit vielen schicken Restaurants, luxuriösen Hotels und teuren Loftwohnungen. Doch diese Entwicklung konnte nicht darüber hinwegtäuschen, dass sich Argentinien zu einer Zweidrittelgesellschaft entwickelt hat. Ein Problem beim Modernisierungsprozess sind fehlende soziale Ausgleichsmaßnahmen. Einen Versuch, dieses Manko auszugleichen, stellte die sogenannte Kirchner-Ära dar. Néstor Kirchner und seine Nachfolgerin und Ehefrau Cristina Fernández de Kirchner gewannen nach dem Staatsbankrott von 2001 drei Wahlen in Folge. Mit dem Boom der Sojaexporte konnten sie mit Staatsgeldern die Folgen der Armut mildern, den Konsum ankurbeln und die Arbeitslosigkeit verringern. Doch mit der internationalen Wirtschaftsflaute funktionierte diese Politik nicht länger: Zweistellige Inflationsraten, Finanzprobleme und Korruptionsskandale führten bei den Präsidentschaftswahlen 2015 zum Sieg des konservativen Mauricio Macri, bis dahin Bürgermeister von Buenos Aires. Eine seiner ersten Maßnahmen war eine Abwertung des stark überbewerteten Peso.

Amüsiermeilen in den Hafendocks der Tangometropole

Daher ist Argentinien heute für Europäer wieder ein ***preisgünstiges Reiseziel***. Die Kehrseite: 29 Prozent der Bevölkerung leben immer noch unter der Armutsgrenze. Mit großem Improvisationstalent und viel Phantasie versuchen die Argentinier, Lücken im Servicebereich zu füllen. So können ***Exkursionen zu Pferd***, im Jeep oder auf dem Wasser zu unvergesslichen Erlebnissen mit Mensch und Natur werden. Der Umweltschutzgedanke setzt sich auch im Touristikbereich immer mehr durch. ***Birdwatchingexkursionen*** und Trekking unter der Führung kundiger Ranger, die die verschiedenen Ökosysteme nahebringen, sind mittlerweile keine Seltenheit mehr.

IM TREND

1 Kein Schild an der Tür

Restaurant im Wohnzimmer Die Adresse bekommt man erst nach der Reservierung über E-Mail oder Facebook. Das Menü steht fest, der Preis auch: In Buenos Aires gibt es an die 100 Restaurants im Wohnzimmer, einige von erstklassigen Profis, andere von talentierten Hobbyköchen geführt. Eins der ersten und bis heute renommiertesten ist das *Casa Coupage (www.casacoupage.com).* Die Initiative geht zurück auf Köche, die nach der Krise 2001 neue Horizonte im Ausland suchten und durch anerkannte Küchen in Spanien und Frankreich zogen – bis die internationale Krise ab 2008 sie wieder in ihr Heimatland brachte. Man findet sie über Suchmaschinen („restaurantes a puertas cerradas") oder über Websites wie *www.restorando.com, www.guiaoleo.com.ar* und insbesondere *www.cookapp.com.*

2 Clowns im Hospital

Intensivstation Freude Im Krankenbett des Kinderhospitals gibt es nicht viel zu lachen. Es sei denn, es ziehen die Clowns von *Alegría Intensiva (www.alegriaintensiva.org.ar | Foto)* vorbei. In den letzten Jahren hat diese NGO der Clowns einen regelmäßigen Dienst in acht der größten Krankenhäuser in der Haupstadt Buenos Aires und deren Provinz aufgebaut. Die Spaßmacher ziehen zu zweit oder zu dritt von Bett zu Bett und verabreichen mit roten Nasen, weißen Ärztekitteln und einer Gitarre vorsichtig dosierten Humor. Kurze, der Situation angepasste improvisierte Szenen erwecken das Lächeln der kranken Kinder – (Lebens-)Freude als Medikament. Der Erfolg der Gruppe war so überzeugend, dass 2015 per Gesetz Clown-Units in allen Kinderhospitälern der Provinz Buenos Aires eingeführt wurden. Auch anerkannte Schauspieler und Musiker unterstützen gelegentlich die Clownstruppe bei ihren „Gastspielen" in den Krankenhäusern.

In Argentinien gibt es viel Neues zu entdecken. Das Spannendste auf diesen Seiten

3

Argentina en bici

Mit dem Rad Bisher sind die Abenteurer noch in der Überzahl, die das Land in Wanderschuhen entdecken. Doch der Trend zum Fahrrad wächst. Insbesondere im Nahuel-Huapi-Nationalpark oder dem Corredor de los Lagos wird das Zweirad zum populären Fortbewegungsmittel *(www.mtbtours.com)*. Auch die Strecke entlang des Paranáflusses von Rosario in Richtung Buenos Aires ist beliebt *(www.bikerosario.com.ar)*. In der Hauptstadt entdeckt man mit den Radguides von *4Rent (www.4rentargentina.com)* oder *La Bicicleta Naranja (www.labicicletanaranja.com.ar)* die Sehenswürdigkeiten. In beiden Städten kann man mit einer leicht erhältlichen Magnetkarte oder per App öffentliche Fahrräder ausleihen. In Rosario kostet ein Monatsabo keine 10 Euro *(short.travel/arg1)*, in Buenos Aires *(www.buenosaires.gob.ar/ecobici)* sind Fahrten von bis zu einer Stunde (bis zwei Stunden am Wochenende) sogar ganz umsonst.

4

Zug um Zug

Slow Food In ehemaligen Eisenbahnorten wie Carlos Keen wird das Essen über Stunden zelebriert, z. B. bei *Angelus (www.angelusrestaurante.com)* oder im Landrestaurant *Camino Abierto (www.caminoabierto.org.ar)*. Auch in Tomás Jofré ist niemand in Eile, weil er noch einen Zug erwischen muss. Im *Cua-Cua (www.cuacua.com.ar)* spürt man das. Hier ist die Pasta hausgemacht und das *asado* gart langsam vor sich hin. Salta ist bis heute Startpunkt des „Wolkenzugs" Tren a las Nubes. Bevor es an Bord geht, lohnt ein Besuch der Künstlerkneipe *La Casona del Molino (Luis Burela 1)*. Kunst an den Wänden und Livemusik lassen die Abende hier lang werden.

FAKTEN, MENSCHEN & NEWS

BEVÖLKERUNG

Argentinien gilt als „weißes" Land Lateinamerikas. Zwar gibt es noch rund 850 000 Indianer 30 verschiedener Ethnien, doch werden diese immer weniger. Die Indianer Südargentiniens wurden im sogenannten Wüstenfeldzug General Rocas (1875–1879) weitgehend ausgerottet. Lediglich im Nordwesten sind noch Nachfahren der alten Inkakulturen zu finden, die Coyaindianer. Im äußersten Nordosten, in Misiones und Corrientes, kam es zu einem Kulturaustausch und zur Vermischung zwischen Spaniern und Guaraníindianern. Im 19. Jh. gesellten sich dann Einwandererwellen aus Polen, Deutschland, Italien, Irland, der Schweiz und dem Nahen Osten zu den Nachfahren der spanischen Eroberer. In den beinahe drei Jahrhunderten bis zur Unabhängigkeit von Spanien entwickelte sich neben der kleinen Oberschicht von Kreolen – den bereits in Amerika geborenen Spaniern – auch eine große Gruppe von Mestizen, also Mischlingen von Weißen und Indianern. In den letzten Jahrzehnten kam es zu einer verstärkten Einwanderung aus den Nachbarländern. Von den heute knapp fünf Prozent Ausländern stammt die Hälfte aus Paraguay und Bolivien.

CARTONEROS

Die *cartoneros,* die allgegenwärtigen Altpapiersammler, sind ein Zeichen der Verarmung, die das Land ab 2001 ergriffen hat. Ganze Familien von Arbeitslosen, die in besseren Zeiten zu den mittleren Einkommensschichten gehörten,

Bild: Königspinguine auf den Falklandinseln

Gauchos, Pinguine und Cartoneros: ein argentinisches Mosaik mit Notizen zu Tierwelt und Tango, zu Pampa und Perón

ziehen mit alten Supermarktkarren durch die Straßen, um Altpapier, Kartons und Pappe zu sammeln. Auch durchwühlen viele die Müllcontainer auf der Suche nach verwertbaren Materialien. Sie haben das Recycling in Argentinien eingeführt. Heute bilden viele von ihnen Arbeitsgenossenschaften, die mit den Stadtverwaltungen zusammenarbeiten.

FAUNA & FLORA

Die Tierwelt Argentiniens ist so vielfältig wie seine Landschaften. Fast 1000 Vogelarten sind am argentinischen Himmel zu beobachten, vom winzigen Kolibri, der sogar in den Gärten von Buenos Aires sein Fingerhutnest baut, bis zum Kondor in den Anden und dem Albatros an den Küsten Patagoniens, dessen Flügel bis zu 3 m Spannweite erreichen. In den Anden leben Lamas und deren langhaarige Verwandte, die Vikunjas. Im nördlichsten Bereich, der Puna, wachsen auf 3000 m Höhe Zwergsträucher, Polsterpflanzen und Kakteen, darunter der riesige Kandelaberkaktus. In Salta und Jujuy, an den ostandinen Gebirgshängen, blüht es dank vieler Niederschläge üppig.

In Patagonien zieht sich im Windschutz der Anden ein breiter Gürtel von Südbuchenwäldern bis hin nach Feuerland. Zur Küste hin erstreckt sich die Einöde der patagonischen Steppe, der sich nur wenige Tiere anzupassen vermochten: Guanakos (die südlichen Verwandten der Lamas), *maras* (Pampahasen), Springmäuse, *peludos* (Gürteltiere) und *ñandúes* (kleine Straußenvögel) und andererseits die Raubtiere, die diese Arten jagen: Füchse und selten gewordene Pumas. Riesige Schafherden machen der einheimischen Tierwelt die Weidegründe streitig und zerstören die Steppe. An den Küsten Patagoniens tummeln sich unzählige Seeelefanten, Pinguine, Seelöwen, Robben und Delphine; gigantische Bartenwale suchen Zuflucht, um ihre Jungen aufzuziehen.

Zur natürlichen Vegetation der feuchten Pampa Húmeda gehören die büscheligen, hohen Hartgräser. Riesige Viehherden sind hier zu Hause. Auf der trockenen Pampa Seca herrschen Dornensträucher vor. Im äußersten Nordosten, im subtropischen Regenwald mit seinen bis zu 40 m hohen Baumriesen, wachsen Zedern, der rosa blühende *lapacho negro* und der *yerba*-Strauch, ein Stechpalmengewächs, aus dessen koffeinhaltigen, getrockneten Blättern der Matetee gewonnen wird. Hier leben Tukane, Kolibris, Geier, Papageien, Schmetterlinge, Wasch- und Ameisenbären, Kapuziner- und Brüllaffen, Wildkatzen und Tapire. Die Sümpfe um Corrientes sind Heimat des *yacarés,* des kleineren südamerikanischen Krokodils, und auch vieler Schlangen wie der gefürchteten *jararás* oder der Klapperschlangen.

GAUCHOS

Oft werden die modernen Viehtreiber Argentiniens, die *peones,* Gauchos genannt. Den eigentlichen Gaucho, den Mestizen, der sich fern von Recht und Gesetz in die Pampa zurückzog und als Outlaw verfolgt wurde, gibt es nur noch in der Literatur. Im 19. Jh. noch besungen

Ein argentinischer Mythos: die Gauchos, Viehtreiber in den Weiten der Pampa

in Werken wie „Martín Fierro", einem Gauchoepos von José Hernández, konnte er im Argentinien des 20. Jhs. und bei exportorientierter Viehwirtschaft nicht überleben. Der einst romantisierte Gaucho wurde nun als krimineller Viehdieb angesehen, falls er sich nicht in die neue Ordnung als Angestellter auf den *estancias* einfügte.

GAY-FRIENDLY

Im traditionell katholischen Argentinien sind seit 2010 Homoehen gleichgestellt mit denen heterosexueller Paare. Auffallendes Zeichen für einen gesellschaftlichen Wandel ist der Umstand, dass das entsprechende Gesetz im Land der Machokultur in deutlichem Einvernehmen mit der allgemeinen Stimmung der Bevölkerung verabschiedet wurde. Wenigstens in Buenos Aires herrscht eine weit verbreitete Toleranz gegenüber der sexuellen Ausrichtung eines jeden. Vor allem im Stadtviertel San Telmo findet das tolerante Klima seinen Ausdruck in Bars, Kleidungsgeschäften und Hotels.

GEOLOGIE

Argentinien verdankt seine eindrucksvolle Landschaft zwei erdgeschichtlich weit auseinanderliegenden Perioden. Im äußersten Westen begrenzen die Anden das Land. Das junge Kettengebirge wurde erst im Tertiär durch die Kollision der Ostpazifischen mit der Südamerikanischen Platte aufgefaltet. Heute noch tätige Vulkane und immer wieder auftretende Erdbeben weisen darauf hin, dass die gewaltigen Platten nach wie vor in Bewegung sind. Aus der Erdfrühzeit, dem Präkambrium, stammen dagegen die kristallinen Platten: die Brasilianische und die Patagonische. Sie bildeten einst einen zusammenhängenden Block, wurden jedoch durch Senkungsvorgänge im Erdmittelalter (Mesozoikum) voneinander getrennt. Durch diese Absenkung entstand das große, zentrale Tiefland des südlichen Südamerika, die 600–1000 km breite Ebene des Gran Chaco und der Pampa. Südlich des zentralen Tieflands erstreckt sich das Patagonische Tafelland. In Feuerland setzen sich die Bergketten der Anden schließlich in Ost-West-Richtung fort, wenn auch bereits deutlich niedriger. Die Salzseen im Nordwesten sind mit Salzwüsten in Chile und Bolivien Teil des sogenannten Lithiumdreiecks, in dem über die Hälfte der Weltreserven dieses zukunftträchtigen Minerals liegen. In Argentinien ist auch eines der weltweit größten Vorkommen an Schiefergas und -öl entdeckt worden, in Vaca Muerta in der Provinz Neuqén im Westen des Landes.

INFLATION

Die Argentinier haben Ende der 1980er-Jahre eine traumatische Erfahrung mit der Hyperinflation durchgemacht. Darauf folgte in den Neunzigerjahren die Koppelung ihrer Währung an den Dollar. Die Preise im Land stiegen trotzdem, 2001 kam es zur großen Krise. Mit der brutalen Abwertung von 1:4 in einer kurzen Zeitspanne wurde Argentinien eines der preiswertesten Ziele für ausländische Reisende. Die schleichende Inflation ohne entsprechende Abwertung hatte diesen Vorteil in den letzten Jahren wieder aufgefressen. Doch seit einer erneuten starken Abwertung von 40 Prozent zum Amtsantritt von Präsident Mauricio Macri ist Argentinien auch preislich wieder ein für Touristen sehr attraktives Reiseziel.

KLIMA

Argentinien weist eine Vielzahl unterschiedlicher Klimazonen auf. Im subtropischen Norden erreicht das Thermometer im Sommer oft eine Temperatur von 40 Grad und auch die Sommer in Buenos Aires können mit bis zu 80 Prozent Luftfeuchtigkeit und Temperaturen von bis zu 35 Grad unangenehm heißfeucht werden, während man in Feuerland zur selben Zeit nur zwölf Grad misst. Argentiniens Lage zwischen den Anden und dem Atlantik bestimmt die Niederschlagsmenge: Hochdruckgebiete über dem Atlantischen Ozean führen warme, feuchte Luft in den Nordosten, wo die höchsten Niederschläge des Landes mit bis zu 2000 mm im Jahr gemessen werden, mit kurzen, schweren Regenschauern im Sommer. Die Westwindzone bestimmt hingegen das Steppen- und Wüstenklima Patagoniens. Im Frühjahr und Herbst kommt es zu heftigen Stürmen. Regen wird jedoch von der 4000 m hohen Andenkordillere zurückgehalten. So fallen im patagonischen Osten oft nur um 200 mm Niederschlag im Jahr.

MILITÄR

Das Offizierskorps bildete lange eine eigene Kaste in der argentinischen Gesellschaft. Das Ansehen der Militärs hat nach der Diktatur 1976–1983 und dem verlorenen Falklandkrieg stark gelitten. Die Menschenrechtsverletzungen der Militärdiktatur werden weiterhin untersucht. Nach wie vor besteht in Argentinien aber eine nationalistische Kultur, die sich sowohl in den Schulbüchern als auch in den Straßennamen widerspiegelt, die immer wieder die Rolle der Militärs in den Befreiungskriegen des 19. Jhs. hervorheben.

PAPST FRANZISKUS

Die Wahl von Jorge Mario Bergoglio zum Papst hat die Argentinier in eine diffuse Religiosität versetzt, in der auch der Stolz auf ihre weltberühmten Landsleute eine Rolle spielt. Der reicht vom Tangosänger Carlos Gardel über die Politiker Juan und Evita Perón und den Revolutionär Che Guevara bis zu Diego Maradona und Lionel Messi. So gut wie jeder prominente Argentinier, der irgendwie Zugang zum Vatikan findet, lässt sich mit Franziskus porträtieren.

PERONISMUS

Von 1946 bis 1955 war Juan Domingo Perón (1895–1974) Präsident Argentiniens. Eine klare politische Linie hat seine Gerechtigkeitspartei, der *Partido Justicialista,* nicht. Durch ein Programm sozialer Reformen hatte Perón die Gewerkschaften und die Besitzlosen Argentiniens für sich gewinnen können. Seine Frau Evita, eine ehemalige Schauspielerin, die 1952 starb, förderte mit vehementen Parolen den Enthusiasmus seiner Anhänger. Bis heute wird sie von alten und neuen Peronisten als Vertreterin des „wahren Peronismus" verehrt.

TANGO

Enrique Santos Discépolo, einer der bekanntesten Komponisten und Texter dieses Genres, bezeichnete den Tango als „einen traurigen Gedanken, den man tanzen kann". Diese Definition entstammt noch der Zeit, als der Tango in Bars und Bordellen als einstimmendes Vorspiel getanzt wurde. Der laszive Tanz entstand in den Hafenvierteln von Buenos Aires, in La Boca und San Telmo. Die Frage nach den Wurzeln des Tangos ist allerdings nicht geklärt. Er entstammt der kubanischen Habanera ebenso wie dem Tango Andaluz, der kultischen Tanzpantomime Candombé und der uruguayischen Milonga, einem Sängerwettstreit, in dem sich – genau wie im Tango – alles um verlassene Liebhaber dreht. Seine spezifische Stimmung erhielt der Tango schließlich durch das ebenfalls aus Europa eingeführte Bandoneon, eine Knopfharmonika. Die Schritte waren anrüchig und die Texte meist noch schlimmer. Gesellschaftliche Anerkennung fand der Tanz erst, als 1907 in Paris die ersten Schallplattenaufnahmen gemacht wurden. Der Tango eroberte die Pariser Salons und bald entstand eine orchestrale Salonversion der ehemaligen Spelunkenmusik. Heute gilt der Tango als Lied der Hauptstadt Buenos Aires. 24 Stunden am Tag sendet FM La 2 x 4 (Dos Por Cuatro) auf 92,7 MHz Milongas und Tangos, während im Kabelfernsehen der Sender Sólo Tango Konzerte, Interviews und Tanzstunden überträgt – und natürlich kann man in der Hauptstadt vielerorts das Tangotanzen lernen und im August am internationalen Tangofestival teilnehmen.

Der Tango lebt auch heute noch in den Straßen von Buenos Aires

UMWELT

Der Wirtschaftsboom des ersten Jahrzehnts des neuen Jahrtausends hat zwei große Umweltprobleme aufgeworfen: Der enorme Anstieg des Sojaanbaus hat die Abholzung der Wälder zugunsten ausgedehnter Sojaplantagen gefördert. Die intensiven Sojapflanzungen laugen zudem den Boden schnell aus. Außerdem haben große Tagebauprojekte in den Anden den Widerstand von Landwirten und Bewohnern der umliegenden Ortschaften geweckt, die sich um ihre Wasserquellen Sorge machen. Dem Tagebau wurden wenigstens in Gletscherregionen durch ein Gesetz Grenzen gezogen. In anderen Gegenden blockieren Demonstranten die Landstraßen, um den LKW-Verkehr zu den Minen zu stören. Der aktive Widerstand gegen die Bergbauprojekte steht in Kontrast zur Gleichgültigkeit, mit der die meisten Argentinier weiterhin mit ihrem Müll umgehen. Auch im Energiesektor ist die Nutzung erneuerbarer Quellen nicht dem Potenzial eines Landes angemessen, in dem die patagonischen Winde unerlässlich blasen und die Sonne um den südlichen Wendekreis in der Puna im Nordwesten fast immer scheint.

ESSEN & TRINKEN

Nirgends sonst zeigt sich der Einfluss der verschiedenen Einwanderergruppen so deutlich wie in der argentinischen Küche. Beste italienische Pasta, hausgemachte *tallarines* (Bandnudeln) und die aus Kartoffelteig gekneteten *ñoquis* (in Italien heißen sie Gnocchi) wetteifern mit Pizzas in allen Varianten. Am besten schmeckt die auf der heißen Steinplatte gebackene *pizza a la piedra.*

Der ***arabischen Tradition***, die sich teils über Spanien, teils direkt über Einwanderer aus Syrien und Libanon vor allem im Nordwesten Argentiniens ausbreitete, entstammen vor allem ***Süßigkeiten*** wie der *alfajor* (ein gefüllter Keks) in seinen verschiedenen regionalen Varianten.

Guisos (Eintöpfe) erinnern an die spanischen Großmütter. Und schließlich lassen die Namen zahlreicher Vor- und Nachspeisen, wie etwa *ensalada rusa* (Kartoffelsalat mit Gemüse und Mayonnaise) oder *leberwurst* und *strudel,* die sogar ihren Namen behalten durften, die ***Geschichte der Einwanderer*** aus Weißrussland und Deutschland anklingen. ***Maisgerichte*** sind hauptsächlich im Nordwesten des Landes zu bekommen, wo heute noch Teile der Bevölkerung indianischen Ursprungs sind. Moderne Küchenchefs bereiten die typischen argentinischen Grundgerichte auf feine Art mit ***wiederentdeckten Zutaten*** wie Quinoa und Andenkartoffeln zu.

Das klassische Abendessen in Argentinien besteht aber aus einem saftigen ***Filet- oder Rumpsteak*** mit Salat. Die über 50 Mio. argentinischen Rinder liefern

Asados, Guisos und Pasta: Traditionell Argentinisches und Gerichte der Einwandererküchen bieten kulinarische Erlebnisse

besonders schmackhaftes und BSE-freies Fleisch, weil sie zumeist das ganze Jahr im Freien leben, wo sie viel Auslauf haben und ausschließlich das zarte Pampagras fressen. Zu einem ★ ● *asado* ist in Argentinien immer und überall Gelegenheit. Der Braten wird mancherorts noch am eisernen Spieß nicht über, sondern **vor dem offenen Feuer** geröstet – wie bei den Gauchos in alten Zeiten. Während man in Nord- und Zentralargentinien Rind bevorzugt, wird im Süden hauptsächlich Lammfleisch gegrillt.

Argentinier essen für mitteleuropäische Verhältnisse ausgesprochen spät zu Abend. Die Restaurants öffnen allgemein erst ab 20 Uhr. Ein komplettes **Abendessen** beginnt mit einer *entrada* (Vorspeise). Der Hauptgang, der *plato principal,* enthält dann entweder ein Fleisch-, Fisch- oder Geflügelgericht oder Pasta. Der Salat dazu, die *ensalada,* muss oft extra geordert werden, genau wie die *guarniciones* (Beilagen). Das können z. B. *papas fritas* (Pommes frites) oder *papas naturales* (Salzkartoffeln) sein. Brot hingegen

SPEZIALITÄTEN

alfajor – mit Schokolade oder Puderzucker belegte Kekshälften, die eine Schicht *dulce de leche* einbetten (Foto li.)
arroz con leche – Milchreis
bife de chorizo – Rumpsteak, Rippensteak ohne Knochen, unverzichtbarer Bestandteil eines *asado* (Foto re.)
budín de pan – Brotpudding, mit Milch, Eiern und Rosinen zubereitet
carbonada – Eintopf aus Kürbis, jungen Maiskolben, getrockneten oder frischen Pfirsichen und Fleisch
choripán – Eine *chorizo* (eine kurze Schweinefleischwurst) im Brot *(pan)* – einfach als Imbiss auf der Straße oder als Vorspeise zum *asado,* bevor man sich an den Tisch setzt
dulce de leche – hellbraune, ziemlich süße Karamellcreme, die u. a. als Brotaufstrich sehr beliebt ist
empanadas – Teigtaschen, mit Hackfleisch *(de carne),* Mais *(de choclo)* oder Schinken und Käse *(de jamón y queso)* gefüllt
facturas – süße Gebäckstückchen zum Frühstück oder zum Nachmittagsmate oder -kaffee, von Berlinern *(bolas de fraile)* bis zu Croissants *(medialunas)*
humita – gemahlener Mais, oft in Maisblätter eingebunden serviert
locro – Eintopf mit Mais, Kürbis, Fleisch und Schweinepfoten
matambre arrollado – Rollbraten aus Rinderzwerchfell mit eingerolltem Gemüse und Ei. Der Name des flachen Fleischstücks (*mata hambre:* „Hungerkiller") entstand, als die Gauchos diesen Teil des Rinds schnell als Imbiss zubereiteten, während die dickeren Fleischteile langsam auf dem Grill garten
puchero – Eintopf in klarer Brühe mit Gemüse und Rindfleisch
queso y dulce – eine Scheibe Gouda, die mit einem Stück festen Quitten- oder Süßkartoffelgelees belegt wird
tamales – Maismehlgericht, wie *humita* in Maisblätter gewickelt, aber mit Hack, gekochtem Ei und Rosinen

bringt der Kellner unaufgefordert gleich zu Anfang.
Eine ***Spezialität***, für die Sie etwas Zeit mitbringen sollten, ist die *parrillada criolla,* eine am offenen Holzkohlefeuer zubereitete Platte mit Fleisch, Würsten, Kalbsbries, Nieren und anderen Innereien. Diese ***Grillplatte*** wird oft auf einem kleinen Ofen serviert, der die Stücke warm hält. Zum Nachtisch gibt es häufig

queso y dulce oder hausgemachten *flan* (Karamellpudding) mit *dulce de leche* oder einfach nur ein *helado* (Eis) oder *ensalada de frutas* (Obstsalat).

Mittags bevorzugen Argentinier ***leichtere Mahlzeiten***, etwa ein *bife con ensalada mixta* (Steak und Salat mit Tomate) oder eine *tortilla,* die spanische Variante des Kartoffelomeletts, oder *milanesas* (dünne Schnitzel) oder Hamburger auf Steakbasis, *lomitos,* oder einfach *tostadas de jamón y queso* (Toast mit Schinken und Käse).

Das Frühstück *(desayuno)* ist nicht der Rede wert. Argentinier trinken morgens zu Hause ihren ***Matetee*** und knabbern vielleicht noch einen Kräcker dazu. Im Hotel gibt es vor allem Kaffee, aber auch Tee, dazu werden *medialunas* (Hörnchen) oder *tostadas* gereicht. Außerdem kann man in ***Cafés und Bars*** jederzeit ein Frühstück ordern und befindet sich dabei in bester Gesellschaft, wenn die Argentinier ab etwa 10 Uhr dort ihren Brunch einnehmen.

Das traditionelle Getränk zum Essen ist Wein. Kein Wunder: Argentinien ist schließlich der ***sechstgrößte Weinproduzent*** weltweit. 71 Prozent der Anbauflächen liegen in der Provinz Mendoza, 21 Prozent im sich nördlich anschließenden San Juan. Aber auch Bier wird zum Essen gereicht. Neben den einheimischen blonden Quilmes und Santa Fe kommen allerlei Importbiere auf den Tisch. Nach natürlichen Fruchtsäften werden Sie fast immer vergeblich fragen. Es gibt sie zwar im Supermarkt, aber in den meisten Restaurants bekommen Sie allenfalls Orangen- oder Grapefruitsaft. Angeboten werden hingegen die gängigen Limonaden und Mineralwasser.

Vegetarier hatten es bisher schwer in Argentinien. Bis heute gibt es oft keine anderen Alternativen als ***Pasta und Pizza***, Pizza und Pasta. Erst in den letzten Jahren eröffnen – vor allem in Buenos Aires – immer mehr Restaurants, die einen neuen Trend setzen: nicht unbedingt rein vegetarischer Ausrichtung, aber mit der Verwendung viel ***frischer Früchte*** und Gemüse – nicht zuletzt auch dank der steigenden Anzahl europäischer und US-amerikanischer Besucher.

Unabdingbar für den stilechten Mategenuss: die metallene *bombilla*

Auch in den Cafés gibt es eine Ausweitung des Sortiments vom einfachen Croissant zum Muffin und zum *frappuccino* auf der Couch. Allein die US-Kette Starbucks hat im letzten Jahrzehnt in Buenos Aires mehr als 80 Lokale eröffnet. Die Globalisierung, das charakteristische Merkmal der argentinischen Küche schon seit den ersten Einwandererwellen vor Jahrhunderten, hält an!

EINKAUFEN

In Argentinien wetteifert das kreolische Kunsthandwerk mit den farbenfrohen Arbeiten der Indianerstämme. Im Allgemeinen erstehen Sie indianische Teppiche und Keramikgegenstände sowie verarbeitetes Silber am günstigsten auf den Indianermärkten.

KUNSTHANDWERK

In Salta, Jujuy und um Buenos Aires verarbeiten die Nachfahren der Spanier in alter Tradition das Silber zu kostbaren Messern, Gürtelschnallen und Trinkgefäßen. In Salta kann man außerdem einen echten *poncho salteño* erstehen, den roten, leichten Umhang der Gauchos. Auf den Indianermärkten in Purmamarca und Humahuaca bieten Coyaindianer Textilien aus Schafs- und Lamawolle sowie Töpferwaren nach inkaischem Vorbild an. Außerdem gibt es schöne Pullover aus Schaf- oder Lamawolle, Holzflöten, Rasseln und andere indianische Musikinstrumente. In den patagonischen Anden können Sie mit etwas Glück handgewebte Wolldecken der Mapucheindianer erstehen. Man kann sich aber auch mit kleineren Souvenirs versorgen wie etwa einer *taba,* dem verzierten und mit Edelmetall reich beschlagenen Sprunggelenk der Kuh, das wie ein Würfel benutzt wird. Oder mit den *boleadoras,* dem aus Rohlederstreifen geflochtenen und mit drei lederumwickelten Steinkugeln bestückten Wurfseil, das die Gauchos von den Tehuelcheindianern übernommen haben: Zwei Kugeln kreisen um den Kopf, während die dritte im richtigen Moment losgelassen wird, um die Beine des Beutetiers oder des einzufangenden Viehs zu umwickeln und es so zu Fall zu bringen.

LEDERWAREN

Noch liegen Lederjacken, -schuhe und -stiefel in Argentinien unter den internationalen Preisen. Im Land der Viehzucht ist Leder schon immer ein beliebtes Material gewesen. Mit steigenden Preisen im internationalen Markt macht sich der Kostenvorteil vor allem bei Qualitätsprodukten bemerkbar.

MATETEE & ACCESSOIRES

Gelegenheiten zum Kauf von Mateteegefäßen aus Kürbisschale, Holz oder Metall bieten sich überall, selbst an kleinen Kiosken. Den Tee dazu, die *yerba,* gibts in jedem Supermarkt oder im Laden an der Ecke. Vergessen Sie nicht, die dazugehö-

Silber und Gauchosättel: Kunsthandwerk nach Indianertradition und alles aus Leder sind die klassischen Argentiniensouvenirs

rige *bombilla* zu kaufen, das Metallsaugröhrchen, mit der der Tee getrunken wird. Die Beliebtheit dieses argentinischen Nationalgetränks geht auf die Guaraníindianer zurück, die ein Gebräu aus den getrockneten Blättern des wilden Matestrauchs schlürften, das ihnen jegliches Hungergefühl nahm und sie widerstandsfähig machte. Um Risse und Schimmelbildung in den Kürbisgefäßen zu vermeiden, müssen sie vor dem ersten Gebrauch 24 Stunden mit feuchter *yerba* gefüllt stehen gelassen werden. *Curar el mate* nennen die Argentinier diese Vorbereitung.

MODE & DESIGN

Eine junge Designer- und Modeschöpferszene hat innovative Trends mit den lokalen Traditionen verflochten. So sieht man in Buenos Aires in den Stadtvierteln Palermo, San Telmo und Barracas, aber auch in Salta und in Jujuy moderne Kleidung aus Stoffen der Indianerkulturen, poppige Mategefäße aus farbigem Metall und avantgardistischen Silberschmuck, nach inkaischem Vorbild.

REITZUBEHÖR

Pferdeliebhabern werden die typischen leichten Sättel und weichen Satteldecken aus Schaffell gefallen. Dazu gehören Steigbügel aus Holz und Reitgerten aus geflochtenen Lederstreifen. Argentinische Sattler sind wahre Künstler im Flechten von Zaumzeug und Trensen. Die argentinischen Reithosen, die *bombachas,* und andere Reitsportartikel bekommt man in den *talabarterías* überall im Land.

TANGO

In Buenos Aires finden Sie Tangomusik an fast jeder Ecke. Osvaldo Pugliese, Aníbal Troilo, Astor Piazzolla, das Duo Salgán-De Lío, Susana Rinaldi, das Sexteto Mayor, das Cuarteto Cedrón und natürlich Carlos Gardel gehören zu den bekanntesten Namen des Tangos.

BUENOS AIRES

KARTE IM HINTEREN UMSCHLAG

Buenos Aires: Das ist der Traum vom Aufstieg, den so viele Einwanderer in den letzten Jahrhunderten geträumt haben.

Heute erleben Sie in der Metropole am Río de la Plata, dem (in Wirklichkeit ziemlich braunen) „Silberfluss", was die *porteños,* die Einwohner der Hafenstadt, aus ihren Träumen gemacht haben. Bei einem Kaffee auf der Terrasse des Hotels Palacio Duhau können Sie sich in die Muße der reichen Viehbarone versetzen, die hier an der Avenida Alvear vor gut 100 Jahren ihre Stadtpaläste bauten. Wenn es ihnen zu langweilig wurde, reisten sie im Schiff mit Familie nach Paris. Ein Gang durch den Impressionistensaal des Museo de Bellas Artes zeigt, was dann

CITY WOHIN ZUERST?

Einen guten ersten Eindruck gewinnen Sie aus der Immigrantenperspektive in **Puerto Madero (U E1–3)** ***(j6–7).*** Wie diese sehen Sie die Stadt hier von Osten her, heute natürlich mit ihrer Hochhaus-Skyline. Der ehemalige Dockhafen liegt citynah, aber ohne deren Hektik und Staus. Flanieren Sie in Ruhe am Wasser, betrachten Sie die alten Hafendepots und zu Kunstwerkstätten umgewandelten Silos und kosten Sie ein erstes Steak in einem der feinen Grillrestaurants. Hin kommen Sie mit der U-Bahn-Linie B bis zur Endstation Leandro N. Alem.

 Bild: Bus Turístico in der Innenstadt

Temperament und Tango: Die riesige, europäisch anmutende Metropole am Río de la Plata bittet zum Tanz

einige von ihnen auf der Rückreise mitbrachten: Werke von Gauguin, Manet und Degas – das Beste war gerade gut genug. Aus jener Zeit datiert auch das Teatro Colón, ein Opernsaal der Weltklasse. Über dem Kopfsteinpflaster des ehemaligen Pferdekutschen-Eingangs gelangt man zu den Führungen, bei denen man den Widerhall der von Enrico Caruso oder Maria Callas gesungenen Arien ahnen kann. Sie können aber – nach Erwerb der entsprechenden Eintrittskarte – auch den prunkvollen Haupteingang nehmen, um Daniel Barenboim und Martha Argerich in ihrer Heimatstadt gemeinsam musizierend zu erleben.

Ganz andere Töne erklangen in den armen Vororten – doch die haben sich heute weltweit als Erkennungsmerkmal der Stadt durchgesetzt: Der Tango paart Jung mit Alt, *porteños* mit Touristen aus Tokio zum Tanz in spätabends zu Tanzsälen verwandelten Sporthallen, in leicht dekadenten Cafés oder im Halbdunkel einer im Grungestil möblierten Dachbodenkammer.

Im eleganten Recoleta präsentiert sich Buenos Aires elegant und europäisch

Mindestens ebenso laut hört man in Buenos Aires den Torjubel der mehr als ein Dutzend Erstligisten, die hier und in der Umgebung ihre Fußballstadien haben. Die Bombonera, das „Pralinenschachtel" genannte Stadion von Boca Juniors mit seinen fast vertikalen Tribünen, und das WM-Stadion des Erzrivalen River Plate gehören zur Stadtkultur von Buenos Aires. Ein Besuch zum Spiel oder im Rahmen einer Führung ist ein Erlebnis!

Allein die Bundeshauptstadt, *la Capital Federal,* das Zentrum von Buenos Aires, zählt rund 3 Mio. Ew. Dazu kommen weitere 11 Mio. in den 24 Vorstädten. Viele Vorstadtbewohner pendeln zur Arbeit ins Stadtzentrum. Morgens und abends ist das Verkehrschaos deshalb programmiert. Manch ein Besucher fragt sich angesichts der abgasverhangenen Häuserschluchten, was es mit dem Namen Buenos Aires („Gute Lüfte") auf sich hat. Buenos Aires, das sich am Südwestufer des Río de la Plata über 70 km hinzieht und sich landeinwärts noch einmal über 30 km erstreckt, ist wirklich nicht die Stadt der „Guten Lüfte", wie eigentlich in Meernähe zu erwarten wäre.

Aber, verteidigen sich die Einwohner, die Stadt heiße ja eigentlich auch *Nuestra Señora del Buen Ayre* (Unsere Heilige Jungfrau der guten Luft). So jedenfalls hatte sie Don Pedro de Mendoza 1536 genannt, der Jungfrau dankend, dass sie ihm günstige Winde geschickt hatte, die ihn bis ans Ufer des Río de la Plata trugen. Er gründete einen kleinen Hafen mit einer ersten Niederlassung. Aber erst als die spanische Kolonialverwaltung 1778 den Hafen von Buenos Aires der Schifffahrt mit spanischen Häfen öffnete, begann ein merklicher Aufschwung. Auch politisch gewann Buenos Aires an Einfluss, als es zur Hauptstadt des Vizekönigreichs vom Río de la Plata wurde.

In der neuen Metropole des Landes konzentrierten sich Handel, Verwaltung und Politik und der wirtschaftliche Aufstieg zog einen Bauboom ohnegleichen nach sich. Ab 1870 strömten vor allem italieni-

sche Einwanderer nach Argentinien, aber auch Spanier, Araber, Armenier, Weißrussen und viele andere suchten ihr Glück in der wachsenden Metropole.
Heute ist Buenos Aires eine Stadt extremer Gegensätze. Gleich neben den luxuriösen Einkaufspalästen findet man Kinder, die auf der Straße betteln. Neben mondänen Vierteln wie Recoleta und Palermo Chico gibt es Armutsviertel wie die Villa 31 direkt am Hauptbahnhof Retiro, nur durch ein paar Schienen von der feinen Avenida Libertador getrennt. Dort leben rund 40 000 Menschen in Barackenwohnungen auf dem Bahngelände. Eines aber haben Arm und Reich gemeinsam: die Vorliebe fürs *asado,* das gegrillte Rindfleisch. Allgegenwärtig ist der Geruch der *parrilla,* des mit Fleisch beladenen Grills, unter dem die Holzkohle glimmt. Genießen Sie sowohl einmal in einem der schicken *Parrilla*-Restaurants in Puerto Madero als auch an einer Imbissbude am Straßenrand eine *chorizo* (Bratwurst) und ein *bife de chorizo* (ein bis zu 800 g schweres Steak)!

SEHENSWERTES

Es ist unmöglich, Buenos Aires zu Fuß zu erkunden, aber es empfiehlt sich, zumindest einige seiner *barrios* auf eigene Faust zu durchstreifen. Das innere Stadtzentrum ist zu großen Teilen Fußgängerzone. An den Zeitungskiosken in der Innenstadt erhalten Sie Buspläne, aber Abfahrtszeiten werden nicht angegeben, denn man kann davon ausgehen, dass die *colectivos (tucolectivo.info)* tagsüber im Fünfminutenrhythmus fahren. Gehalten wird an jeder zweiten Straßenecke. Taxis sind in Buenos Aires relativ preisgünstig. Empfehlenswert ist es jedoch, das Taxi per Telefon zu bestellen oder, falls man es auf der Straße anhält, eins zu wählen, das einer Funktaxifirma angeschlossen ist *(Radiotaxi Pídalo | Tel. 011 49 32 22 22; Radiotaxi Premium | Tel. 011 52 38 00 00).* Und schließlich verbindet auch die U-Bahn, die *subte,* alle wichtigen Stadtteile miteinander. Die sechs Linien des Anfang des 20. Jhs. eingeweihten U-Bahn-Netzes werden seit einigen

MARCO POLO HIGHLIGHTS

★ La Boca
Hafenviertel mit italienischem Flair und bunten Häusern → S. 36

★ Museo de Arte Latinoamericano (MALBA)
Moderne Kunst in modernem Gebäude – und dazu ein tolles Café → S. 38

★ Tango Buenos Aires Festival y Mundial
Im August dreht sich alles im Zweivierteltakt des Tangos → S. 49

★ Tigre
Eine üppig bewachsene Inselwelt im Delta des Río Paraná → S. 53

★ Palermo
Parks, Patrizierpaläste, Design und Restaurants in den vier Winkeln dieses Stadtteils → S. 39

★ San Telmo
Lebendigstes und volkstümlichstes Stadtviertel von Buenos Aires → S. 42

★ Teatro Colón
Weltklassetheater am Río de la Plata → S. 50

★ La Plata
Die sehenswerte Stadt wurde 1880 symmetrisch am Reißbrett entworfen → S. 52

Jahren ausgeweitet und modernisiert. Eine besondere Attraktion stellt die Linie A dar, die älteste, die seit 1913 unter der Avenida de Mayo und der Avenida Rivadavia verläuft: Ihre Bahnsteige sind – wie auch die der Linien B und D – mit bunten Kachelbildern dekoriert. Besonders sehenswert ist die Station Perú.

Bunt bemalte Wellblechfassaden: das viel besuchte Hafenviertel La Boca

Gleichzeitig ist die U-Bahn aber auch das schnellste Verkehrsmittel in der Stadt *(12,50 Pesos pro Fahrt | www.metrovias.com.ar/subterraneos)*.

Für einen ersten Gesamteindruck von der weitläufigen Metropole empfiehlt sich eine Stadtrundfahrt mit dem *Bus Turístico (Start:* (U D1) *(🕮 h7) Touristeninfo Florida/Diagonal Norte | www.buenosairesbus.com)*. Die gelben, oben offenen Doppeldecker verbinden im 20-Minuten-Abstand 24 sehenswerte Stationen der Stadt. Mit einem Tagesticket *(670 Pesos, 2-Tage-Ticket 850 Pesos)* können Sie an jedem beliebigen Halt ein- oder aussteigen. Die gesamte Rundfahrt dauert gut drei Stunden.

AVENIDA DE MAYO

(U B–D1) *(🕮 g–h7)*

Die 33 m breite Prachtstraße verbindet die Plaza del Congreso mit der Plaza de Mayo. Sie ist so stark befahren, dass man die mehrstöckigen Paläste im Stil des Art nouveau nur am Wochenende in Ruhe betrachten kann. Besonders schön ist das *Café Tortoni (Nr. 829 | www.cafetortoni.com.ar)*. Hier verkehrten bereits Artur Rubinstein, José Ortega y Gasset und Federico García Lorca. Heute ist das Lokal auch Bühne für Tangoshows und Jazzkonzerte. Der ● INSIDER TIPP *Palacio Barolo (Führungen Mo–Sa 11, 12, 14, 16, 17, 18, Mo, Mi und Do auch 19, Sa auch 15 Uhr | 311–322 Pesos, Abendtour mit Imbiss und Livemusik Mo, Mi, Do, Fr 20, Sa 20 und 21 Uhr | 522–889 Pesos | www.palaciobarolotours.com.ar)* in Hausnummer 1370, dessen Architektur die Göttliche Komödie von Dante Alighieri nacherzählt, ist eines der eigenartigsten Gebäude in Buenos Aires. Bei der Einweihung 1923 war es das höchste Haus in Lateinamerika, mit einem heute noch funktionierenden Leuchtturm auf 100 m Höhe.

Auf der *Plaza del Congreso* erinnert ein aufwendiges Monument an die Nationalversammlung von 1813, dahinter erhebt sich das Kongressgebäude, Sitz des Senats und Abgeordnetenhauses. Das Parlamentsgebäude im Stil der Neorenaissance wirkt wie eine Kopie des Kapitols in Washington. Hier steht auch die Skulptur „Der Denker" von Auguste Rodin. In unmittelbarer Nähe markiert ein Monolith den Kilometerstein Null aller argentinischen Fernstraßen.

LA BOCA ★ (U E–F 4–6) *(🕮 O)*

Das Hafenviertel südlich von San Telmo am Fluss Riachuelo hat sich seit den 1920er-Jahren nicht wesentlich verändert. La Boca war das Armenviertel der Großstadt. Hier fanden italienische Fischer, Basken, Kroaten und Galicier Arbeit an den Docks. Geld gab es kaum, zum Hausbau benutzte man Wellblech und Holzlatten. Oft wurden die Hafenarbeiter in Naturalien bezahlt, dazu gehörten auch die Reste von Schiffslack. So erklärt sich die pittoreske Bemalung der Behausungen. Auch heute noch werden sie von den Hafenarbeitern bewohnt. Besonders gut erhalten sind die verschachtelten Häuschen am *Caminito,* der Gasse zwischen den Kreuzungen Garibaldi/General Lamadrid und Magallanes/Del Valle Iberlucea.

Neben einem *Kunstgewerbemarkt (tgl. 10–18 Uhr | Pedro de Mendoza/Caminito)* ist auch das *Museo de Bellas Artes de la Boca (Di–Fr 10–18, Sa/So 11–18 Uhr | 40 Pesos | Pedro de Mendoza 1835)* sehenswert, in dem u. a. Werke des Malers Benito Quinquela Martín (1890–1977) ausgestellt werden, die das Arbeiterleben in La Boca porträtieren. Im zeitgenössischen Gegensatz zu diesem historischen Blick stehen die Wechselausstellungen in der *Fundación Proa (Di–So 11–19 Uhr | 80 Pesos | Pedro de Mendoza 1929 | www.proa.org),* von deren INSIDER TIPP Terrasse aus man einen guten Ausblick auf den Riachuelo hat. Zum Stadtteilbild gehört auch *La Bombonera,* das Stadion des populärsten Fußballclubs Argentiniens, der Boca Juniors, mit seinem *Museo de la Pasión Boquense (tgl. 10–18 Uhr | 200 Pesos, einschl. Stadionbesuch 260 Pesos | Brandsen 805 | www.museoboquense.com).*

Die besten Lokale in La Boca finden Sie an der Uferstraße Pedro de Mendoza und in deren Umgebung. *Il Matterello (Martín Rodríguez 517 | Tel. 011 43 07 05 29 | €€), Don Carlos (Brandsen 699 | Tel. 011 43 62 24 33 | €€)* und und *El Obrero (Caffarena 64 | Tel. 011 43 62 99 12 | €€)* bewahren das italienische Hafenflair mit guter Pasta- und Meeresfrüchteküche.

MANZANA DE LAS LUCES (U D1) *(0)*

Ein geheimes Tunnelsystem aus dem 18. Jh. mitten im Stadtzentrum diente angeblich Schmugglern als Fluchtweg. Eine andere Version besagt, dass die Tunnel bis zum Regierungsgebäude reichten und eigentlich dessen Bewohnern einen verborgenen Ausweg bei Revolutionen und Staatsstreichen sichern sollten. Einen Zugang zu dem Tunnelnetz findet man heute im Manzana de las Luces ge-

Im Heimatviertel des legendären Hauptstadtclubs Boca Juniors ist der Fußball allgegenwärtig

nannten Herzen der historischen Altstadt zwischen Bolívar, Moreno, Perú und Alsina. Im selben Block stehen die Jesuitenkirche *San Ignacio,* das älteste noch bestehende Gebäude der Stadt, und die historische Fassade der Universität. *Führungen Mo–Fr 15, Sa/So 15, 16.30 und 18*

Architektonisch und konzeptionell das modernste Museum der Stadt: das MALBA

Uhr | 50 Pesos | Perú 272 | short.travel/arg14

MUSEO DE ARTE LATINOAMERICANO (MALBA) ★ (O) *(🕮 e2)*

Die private Sammlung von Eduardo Constantini und große Gastausstellungen moderner lateinamerikanischer Kunst im modernsten Museumsgebäude der Stadt. Im Kinosaal des Museums wird außerdem eine interessantes Filmprogramm gezeigt und das ● Museumscafé mit seiner Glaswand und Terrasse zum Park bietet Besuchern immer Gelegenheit zu Imbiss und Geplauder. *Do–Mo 12–20, Mi 12–21 Uhr | 120 Pesos, Mi 60 Pesos | Av. Figueroa Alcorta 3415 | www.malba.org.ar*

MUSEO DE ARTE HISPANOAMERICANO ISAAC FERNÁNDEZ BLANCO (O) *(🕮 g–h 4–5)*

Schon das Gebäude selbst lohnt einen Besuch. Hinter der kolonialen Fassade verbergen sich reich bepflanzte Patios und die umfangreichste öffentliche Sammlung kolonialen Silbers in Südamerika. Im Museum, das auch eine wertvolle Geigensammlung besitzt, finden jährlich INSIDER TIPP über 100 Konzerte statt, hauptsächlich Barockmusik. *Di–Fr 13–19, Sa/So 11–19 Uhr | 30 Pesos, Mi frei | Suipacha 1422 | w www.buenosaires.gob.ar/museofernandezblanco*

INSIDER TIPP MUSEO DE ARTE MODERNO (U D3) *(🕮 O)*

Das meist nur MAMBA genannte Museum besitzt eine ständige Sammlung von mehr als 7000 Werken der letzten 100 Jahre, vor allem argentinischer, aber auch internationaler Künstler wie Kandinsky, Picabia, Matisse, Picasso, Dalí, Mondrian, Miró und Beuys. Es ist untergebracht im Gebäude einer ehemaligen Tabakfabrik von 1918. *Di–Fr 11–19, Sa/So 11–20 Uhr | 30 Pesos, Di frei | Av. San Juan 350 | www.buenosaires.gob.ar/museoartemoderno*

MUSEO DE ARTE POPULAR JOSÉ HERNÁNDEZ (O) *(▯ e3)*

Das liebevoll eingerichtete Museum beherbergt Kunsthandwerk aus der Zeit der Gauchos und Ureinwohner des La-Plata-Raums und eine auf Gaucholiteratur spezialisierte Bibliothek. *März–Jan. Mi–Fr 13–19, Sa/So 10–20 Uhr | 30 Pesos, Mi frei | Av. Libertador 2373 | www.buenosaires.gob.ar/museojosehernandez*

MUSEO NACIONAL DE BELLAS ARTES ● (O) *(▯ f3)*

Das Museum stellt neben argentinischen Künstlern eine Sammlung der Impressionisten aus, darunter eine repräsentative Auswahl weniger bekannter Werke von Renoir, van Gogh, Manet, Toulouse-Lautrec, Monet, Gauguin, Degas, Pissarro, Sisley und anderer. Auch die zahlreichen Skulpturen Auguste Rodins zeigen das geübte Auge, mit dem die reichen *estancieros* zwischen 1880 und 1930 die modernen Tendenzen der französischen Kunst bewunderten und an den Río de la Plata brachten. Auch Rembrandt, Rubens, Goya, Greco, Modigliani, Klee, Picasso, Kandinsky und Henry Moore sind im Museum vertreten. *Di–Fr 11–20, Sa/So 10–20 Uhr | Eintritt frei | Av. del Libertador 1473 | www.bellasartes.gob.ar*

PALERMO ★ (O) *(▯ b–e 1–4)*

Das Stadtviertel ist viergeteilt: das schicke *Palermo Chico,* das Designerviertel *Palermo Viejo,* heute auch *Palermo Soho* genannt, das vom Showbusiness geprägte *Palermo Hollywood* und das eigentliche *Palermo,* wo sich die große Parkanlage Bosques de Palermo ausbreitet.

Knotenpunkt des Stadtteils ist die *Plaza Italia* (O) *(▯ c3),* Haltestelle für Busse aus allen Richtungen und für die grüne U-Bahn-Linie D. Von dort aus kann man die Sehenswürdigkeiten des *barrios* bequem zu Fuß erreichen. Folgen Sie der Avenida Sarmiento nordostwärts, können Sie im Park, der im Frühling unter den Blüten der zahlreichen Jakarandabäume lila leuchtet, durch den Rosengarten oder im ● *Jardín Japonés (tgl. 10–18 Uhr | 120 Pesos | Av. Figueroa Alcorta/Av. Casares | www.jardinjapones.org.ar)* spazieren und im japanischen Teehaus speisen, den Südhimmel im *Planetarium (Di–Fr 13 und 17, Sa/So 13.30, 14.30, 16.30, 18.30 und 19.30 Uhr) | 120 Pesos | Av. Sarmiento/Av. Figueroa Alcorta | www.planetario.gov.ar)* kennenlernen, ein Polospiel der besten Spieler der Welt im *Campo de*

LOW BUDG€T

Viele *porteños* stecken in den letzten Jahren ihre Ersparnisse in ein möbliertes Apartment, das sie an Touristen vermieten. Mittlerweile besteht bereits ein großes Angebot, das über Agenturen *(www.alojargentina.com, www.4rentargentina.com)* vermietet wird: pro Tag ab ca. 50 Euro oder pro Woche ab ca. 250 Euro.

Die *carritos* genannten Grillbuden im Palermopark – z. B. am Planetarium *El Puestito del Tío* – und am Flussufer auf der Costanera Norte *El Rey de la Bondiola* und *El Abanico* und auf der Costanera Sur *El Torito* sind von weit her erkennbar am unwiderstehlichen Duft der *chorizos,* der typischen Bratwürste. Im Brot als *choripán* serviert, bekommt man sie schon für 40 Pesos.

Polo (Av. Libertador/Av. Dorrego) oder ein Pferderennen gegenüber im *Hipódromo* erleben.

Zurück an der Plaza Italia, können Sie sich im Schatten der rund 5000 Pflanzenarten im *Jardín Botánico* vom Spaziergang ausruhen. Dort steht auch der *ombú,* der für Antoine de Saint-Exupérys Affenbrotbaum des „Kleinen Prinzen" Modell stand.

In Palermo Chico, südöstlich vom Park die Avenida Libertador und Figueroa Alcorta entlang, befinden sich die Paläste im neoklassizistischen französischen Stil, die sich die reichen *estanciero*-Familien bauen ließen. Heute sind viele von ihnen Sitz ausländischer Botschaften. Im Palacio Errázuriz befinden sich das INSIDER TIPP *Museo Nacional de Arte Decorativo (Di–So 12.30–19 Uhr | 25 Pesos, Di frei | Av. Libertador 1902* (O) *(📖 e3) | www.mnad.org.ar),* das mit seiner Möbelausstellung die Pracht der Patrizierwohnung hervorhebt, und das nette Restaurant *Croque Madame (Tel. 011 48 06 86 39 | €€).*

Palermo Viejo hat sein Zentrum auf der *Plaza Cortázar,* wo sich die Straßen Jorge Luis Borges und Honduras treffen. Cafés, Restaurants und Bars mischen sich mit zahlreichen originellen Mode- und Designläden im Soho der *porteños.* Geht man die Honduras aufwärts in Richtung der ansteigenden Hausnummern, durch eine Bahnunterführung und über die Avenida Juan B. Justo, kommt man nach wenigen Blocks auf die Kreuzung mit der Straße Bonpland ins Zentrum des sogenannten *Palermo Hollywood,* wo sich in der Umgebung des Rundfunk- und Fernsehsenders América die Gastronomie noch vervielfältigt und das Nachtleben praktisch nie ruht.

PLAZA DE MAYO (U D1) *(📖 h7)*

Seit 1580 ist die Plaza de Mayo das Herz der Stadt. Hier fordern bis heute die Madres de Plaza de Mayo Aufklärung über die Verschwundenen der Diktatur, hier sprach Evita Perón vom Balkon des Regierungsgebäudes aus zu Tausenden von Anhängern. Auch der alte *Cabildo* (Rathaus) von 1765 mit seiner zweistöckigen Arkadenfassade und einem Mittelturm steht hier. Gegenüber dem Cabildo erhebt sich an der Ostseite des Platzes die *Casa Rosada* (1873–1894), der Amtssitz des Staatspräsidenten. Nicht selten wurde das Militär eingesetzt, um den Platz von Demonstranten zu räumen.

Am Südende der Plaza stehen das Finanz- und das Sozialministerium, am Nordende das prächtige Gebäude der Nationalbank, des *Banco de la Nación Argentina,* von 1939. An der Ecke zur Straße San Martín beeindruckt die *Kathedrale* (im 17. Jh. geweiht, aber mehrmals umgebaut, die heutige neoklassizistische Fassade ist von 1821). Während der peronistischen Unruhen 1955 wurde die Innenausstattung schwer beschädigt, erhalten blieb das 1878 geschaffene Grab-

mal für den argentinischen Freiheitskämpfer José de San Martín.

PUERTO MADERO (U E1–3) *(🕮 j6–7)*
Das aufgefrischte Hafenviertel Puerto Madero hat sich zum Wohnort der Reichen und zum Ziel für kulinarische Ausflüge gemausert. Besonderen Reiz hat der Blick auf die Stadt, den man vom neueren Ostufer der Docklandschaft aus gewinnt. Spaziergänge zwischen den architektonisch interessanten Neubauten auf den alten Docks werden meist mit einem Besuch in einem Restaurant beendet. Dabei ist die Auswahl recht groß: *Chila (Av. Alicia Moreau de Justo 1160 | Tel. 011 43 43 60 67 | www.chilaweb.com.ar | €€€)* bietet Fisch und Fleisch in feinster Zubereitung. *El Mirasol (Av. Alicia Moreau de Justo 202, Posadas 1032 und Boedo 136 | Tel. 011 43 15 62 77 | www.elmirasol.com.ar | €€€)* gehört zu den besten *parrillas* der Sadt. Abends kann man im *Asia de Cuba (Pierina Dealessi 750 | Tel. 011 48 94 13 28 | www.asiadecuba.com.ar | €€)* exotisch essen und ab 1 Uhr zur Disco bleiben. Im *La Cabaña (Av. Alicia Moreau de Justo 380 | Tel. 011 43 14 37 10 | www.lacabana.com.ar | €€€)* können Sie sogar in einem von Experten geleiteten INSIDER TIPP *Parrilla-Kurs (Mo, Di, Do –Sa 10.30 und 17.30 Uhr | 180 Dollar einschließlich Mahlzeit)* Ihr Grillfleisch selbst zubereiten, um sich anschließend an den Tisch zu setzen. All diese Restaurants haben eine Terrasse mit Blick auf das träge dahinfließende Wasser der ehemaligen Hafendocks des Río de la Plata, an denen heute Yachten anlegen.

RECOLETA (O) *(🕮 e–g 4–5)*
Hier zeigt sich Buenos Aires überraschend französisch. Seit 1880 entwickelte sich der elegante Stadtteil zur Residenz der liberalen Oligarchie des Landes. Prunkpaläste wie die heutige *französische Botschaft (Cerrito 1399)*, die *brasilianische Botschaft (Arroyo/Cerrito)*, das ebenfalls in einer Patrizierresidenz eingerichtete *Palacio Duhau Park Hyatt Hotel*

Santiago Calatravas Fußgängerbrücke Puente de la Mujer überspannt das Hafenbecken in Puerto Madero

(Alvear 1661) oder auch der elitäre *Jockey-Club (Av. Alvear 1345)* erinnern an die wirtschaftlichen Glanzzeiten der vorletzten Jahrhundertwende. Heute sind die extravaganten Bauten längst zwischen Büro- und Apartmenthäusern eingekeilt. Edelboutiquen liegen vor allem zwischen den Nummern 1700 und 1900 in der *Avenida Alvear* und *Avenida Presidente Quintana.*

Gegenüber der Flaniermeile, am anderen Ende der *Plaza Francia (Av. Libertador/Av. Pueyrredón),* auf der sich am Wochenende ein Künstlermarkt ausbreitet, liegt der ● *Friedhof* von Recoleta. Der Besuch in der gemauerten Totenstadt mag befremden. Erdbestattungen sind in Argentinien selten und nur für fünf Jahre zulässig. So findet die Beisetzung in monumentalen Bauten, *bóvedas,* oder in Mauernischen mit Schubfächern statt. Mit hohen Rollleitern stecken Friedhofswärter die dargebrachten Blumen in Metallvasen. Unter den Grabmonumenten sind auch die vieler Staatspräsidenten Argentiniens und das der legendären Evita Perón.

Sonntags ist Flohmarkt in San Telmo, dem quirligen Ausgehviertel der *porteños*

SAN TELMO ★ (U C–E 2–3) (*🗺 O*)

Einst die vornehmste Wohngegend der Stadt, wurde San Telmo Ende des 19. Jhs. fluchtartig von den Bürgern verlassen, als hier eine Gelbfieberepidemie ausbrach. Wer es sich leisten konnte, zog aufs Land, nördlich nach San Isidro, das nun zur neuen Residenz der vornehmen *porteños* wurde. Die riesigen Herrenhäuser in San Telmo wurden unterdessen zu Mietskasernen für Immigranten umfunktioniert, viele kleine Läden und Hinterzimmerkneipen entstanden in jener Zeit. Schmuddelige Hinterhöfe und enge Kopfsteinpflasterstraßen prägen auch heute noch das Bild des romantischen Stadtteils. Rund um die *Plaza Dorrego,* auf der sonntags ein beliebter Flohmarkt stattfindet, gruppieren sich Antiquitätengeschäfte und Tangocafés. Längst haben auch die *porteños* San Telmo wiederentdeckt und besuchen seine vielen Restaurants und Designerläden. Auch ist San Telmo besonders *gay-friendly* ausgerichtet.

ESSEN & TRINKEN

ARTEMISIA
Vegetarische Küche mit einigen Fischgerichten, alles bio, auch der Wein. Gutes Brunchangebot, ausgezeichnete Veggie-Lasagne. *Costa Rica 5893* (0) *(a3)* | *Tel. 011 47 73 26 41* | *www.artemisianatural.com* | €€

B-BLUE (0) *(b4)*
Gute Suppen, Salate, Wokgerichte, Säfte und Kuchen im von zwei Blaubeerproduzenten betriebenen Deli. *Armenia 1692* | *Tel. 011 48 31 70 24* | *www.b-blue.com.ar* | €€

BIO (0) *(b3)*
Biospeisekarte im grünen Lokal in Palermo. *Humboldt 2192/Guatemala* | *Tel. 011 47 74 38 80* | *www.biorestaurant.com.ar* | €€

LA BRIGADA (U D2) *(0)*
Nach einer Umfrage unter argentinischen Gastrojournalisten eine der besten *parrillas* in Buenos Aires, mitten im historischen San Telmo gelegen. *Estados Unidos 465* | *Tel. 011 43 61 55 57* | *www.parrillalabrigada.com.ar* | €€

CARNE (U F4) *(0)*
Mauro Colagreco ist mit seinen beiden Michelinsternen einer der Topstars der Weltküche. Neben seinem feinen Restaurant an der Côte d'Azur führt er in Buenos Aires ein Imbisslokal. Aber auch dort sind

SICHER DURCH BUENOS AIRES

Buenos Aires ist für lateinamerikanische Verhältnisse immer noch eine eher sichere Stadt, wenigstens in den Gegenden, in denen Touristen normalerweise unterwegs sind. Ein gewisses Risiko besteht natürlich immer. Sie sollten besser nicht montags bis donnerstags nachts in La Boca oder San Telmo rumbummeln. Ein öfters bei Ausländern angewandter Trick: Jemand, der auf der Straße eine Wurst verzehrt, bekleckert „versehentlich" mit Senf oder Ketchup die Kleidung eines Touristen. Höflich versucht er, die Flecken zu entfernen – in dem Moment schnappt ein Komplize die Handtasche ... Auch auf Geldscheine müssen Sie gut achten, vor allem im Taxi wird oft Falschgeld ausgehändigt oder in rascher Bewegung der gegebene echte 500-Peso-Schein gegen einen falschen ausgetauscht und zurückgegeben, mit dem Vorwand, der Fahrer habe doch kein Wechselgeld. Auch kann der grüne Fünfhunderter gegen den gleichfarbigen 5-Peso-Schein ausgetauscht werden; dem Fahrgast wird dann entrüstet vorgehalten, er habe doch nur mit Kleingeld bezahlt. Gegenmaßnahme: immer achtsam und sogar den Scheinwert aussprechend das Geld dem Taxifahrer über den Beifahrersitz von rechts aus geben. Es gibt ein spezielles Polizeirevier für Touristen, wo Sie Anzeige erstatten können: *Comisaría del Turista (Av. Corrientes 436* **(0)** ***(h6)*** | *Tel. 43 09 97 00-64 22* | *serv.turista@gmail.com),* sowie einen Touristen-Ombudsmann: *Av. Pedro de Mendoza 1835* **(U E6)** ***(0)*** | *Tel. 43 02 78 16* | *www.defensoriaturista.org.ar*

die INSIDER TIPP Hamburger in 64 Varianten absolut top. *Defensa 269 | Tel. 011 15 35 47 62 63 | www.carnehamburguesas.com* | €€

HIERBABUENA (U D4) *(Ⓜ 0)*
Fruchtsäfte in erfrischenden Mischungen, Salate und sonntags ein attraktives Brunchangebot in San Telmo. *Av. Caseros 454 | Tel. 011 43 62 25 42 | www.hierbabuena.com.ar* | €€

LOS INMORTALES (O) *(Ⓜ g6)*
Traditionelles Pizzarestaurant, Treffpunkt nach Kino und Theater, mit unzähligen Fotos der Tangogrößen dekoriert. *Av. Corrientes 1369 | Tel. 011 43 73 53 03 | www.losinmortales.com* | €–€€

INSIDER TIPP **LEZAMA** (U D4) *(Ⓜ 0)*
Vor dem gleichnamigen Park in San Telmo ein typisches Restaurant mit vielen Stammgästen: freundliche, kompetente Kellner, auf deren Tipps Verlass ist, einfache, schmackhafte Gerichte in spanisch-italienischer Tradition, lebendiges Ambiente. *Brasil 359 | Tel. 011 43 61 01 14* | €–€€

EL OBRERO (U F4) *(Ⓜ 0)*
In der alten Arbeiterkneipe von La Boca lassen sich heute sogar Wim Wenders oder Bono sehen. Zinntheke und solides Menü. *Caffarena 64 | Tel. 011 43 62 99 12 | www.bodegonelobrero.com.ar* | €–€€

PATAGONIA SUR (U E6) *(Ⓜ 0)*
Argentinische Küche auf feinste Art vom international anerkannten Chef Francis Mallmann in einem typischen Haus in La Boca. *Rocha 801/Av. Don Pedro de Mendoza | Tel. 011 43 03 59 17 | www.restaurantepatagoniasur.com* | €€€

PURATIERRA (O) *(Ⓜ 0)*
Regionale Zutaten in feiner und doch einfacher Zubereitung, zu der ein großer Lehmofen entscheidend beiträgt. *3 de Febrero 1167 | Tel. 011 48 99 20 07 | www.puratierra.com.ar* | €€€

INSIDER TIPP **RESTÓ** (O) *(Ⓜ f5–6)*
Der unscheinbare Eingang verbirgt eines der besten Restaurants in Buenos Aires. Im Saal der Architektengesellschaft nimmt Guido Tassi die besten Zutaten als Bausteine für feine Gerichte einfacher Schönheit. *Montevideo 938 | Tel. 011 48 16 67 11* | €€€

EL SANJUANINO (O) *(Ⓜ g4)*
In dem kleinen Lokal mit regionaler Küche des Nordwestens haben Sie die Wahl zwischen *locro, empanadas, tamales* und *humita*. Und als Nachtisch gibts Ziegenfrischkäse mit Zuckerrohrsirup. *Posadas 1515/Callao | Tel. 011 48 04 29 09 | www.elsanjuanino.com.ar* | €

TOMO I (O) *(Ⓜ g6)*
Eine der besten Küchen in Buenos Aires, in der wenige, einfache Zutaten in exquisite Speisen verwandelt werden. *Carlos Pellegrini 521 (Zwischenstock im Gebäude des Hotel Panamericano) | Tel. 011 43 26 66 95 | www.tomo1.com.ar* | €€€

EINKAUFEN

BÜCHER & PRESSE

Buenos Aires hat eine starke Verlegertradition. Eine gute Bücherauswahl findet man bei *Cúspide (Vicente López 2036* (O) *(Ⓜ f4), Florida 628* (O) *(Ⓜ h6) und Corrientes 1316* (O) *(Ⓜ g6) | www.cuspide.com),* bei *Eterna Cadencia (Honduras 5574* (O) *(Ⓜ a3) | www.eternacadencia.com.ar)* mit nettem Patiocafé, bei *Prometeo (Corrientes 1916* (O) *(Ⓜ f6) und Honduras/Gurruchaga* (O) *(Ⓜ b4) | www.prometeolibros.com.ar),* beim Ladengeschäft des Universitätsverlags *Eudeba (Av. Corrientes 2038* (O) *(Ⓜ f6) | www.eudeba.com.ar)* und bei *El Ateneo (Florida*

340 (0) *(🕮 h6–7) und Av. Santa Fe 1860* (0) *(🕮 f5) | www.yenny-elateneo.com)* – der größten Buchhandlung Südamerikas – in einem ehemaligen Kinosaal. In der Bibliothek vom *Goethe-Institut (Corrientes 319* (0) *(🕮 h6) | www.goethe.de/buenosaires)* liegen deutschsprachige Literatur und Zeitschriften aus.

EINKAUFSZENTREN

Zu ausgedehntem Schaufensterbummeln laden die großen Shoppingzentren ein. Die wichtigsten sind: *Galerías Pacífico (Florida/Córdoba* (0) *(🕮 h6)), Shopping Alto Palermo (Av. Santa Fe 3253* (0) *(🕮 d4)), Patio Bullrich (Av. del Libertador 740* (0) *(🕮 g4)), Paseo Alcorta (Salguero 3172* (0) *(🕮 e2)), Buenos Aires Design Center (Av. Pueyrredón/Av. Libertador* (0) *(🕮 f4))* und das im Art-déco-Gebäude des ehemaligen zentralen Gemüsemarkts der Stadt installierte *Shopping Abasto (Corrientes/Agüero* (0) *(🕮 d6))*. Das bei Weitem modernste, *Dot (Vedia 3600* (0) *(🕮 0) | www.dotbairesshopping.com)*, liegt im nördlichen Stadtteil Saavedra, ist aber mit dem Taxi schnell zu erreichen.

KUNSTHANDWERK

Die *Flohmärkte* von San Telmo *(Plaza Dorrego)* und San Isidro *(vor der Kathedrale)* laden sonntags zum Bummeln ein. Die ganze Woche über geöffnet haben die Antiquitätengeschäfte rund um die *Plaza Dorrego* (U D3) *(🕮 0)* in San Telmo. In den Fair-Trade-Geschäften von *Arte y Esperanza (Balcarce 234* (U D1) *(🕮 0) | www.arteyesperanza.com.ar)* oder bei *Fundación Silataj (Libertad 948* (0) *(🕮 g5) | www.fundacionsilataj.org.ar)* bzw. *La Vicuñita (Sucre 2380/Belgrano* (0) *(🕮 0) | www.lavicunita.com.ar)* können Sie sich gut mit Kunsthandwerk aus dem Nordwesten eindecken. Modernes Design und indianische Tradition vereinen sich im *Spazio Sumampa (Arévalo 2976* (0) *(🕮 b1) | Besuch vereinbaren unter Tel. 011 47726930 | www.spaziosumampa.com.ar):* 50 Weberinnen stellen in Santiago del Estero

Shopping in Art-déco-Ambiente: Das Abastos residiert im ehemaligen Gemüsemarkt

(Wand-)Teppiche her, die in einem Fair-Trade-Projekt vertrieben werden.

LEDERWAREN

Im Rinderland Argentinien ist Leder weit verbreitet, vom Kuhfell auf dem Wohnzimmerfußboden über das Sattelzeug fürs Pferd bis zu feinem Schuhwerk. In den Ladengalerien der zentralen Fußgängerstraßen *Florida* und *Lavalle* sowie in den angrenzenden Straßen gibt es zahlreiche Ledergeschäfte. Typische Mitbringsel sind originelle Handtaschen: *Casa López (Marcelo T. de Alvear 640 und 658* (O) *(h5) und Local 241 in den Galerías Pacífico* (O) *(h6))* oder *Lázaro (Geschäfte in den Einkaufszentren Galerías Pacífico, Alto Palermo, Abasto Shopping und Dot).* INSIDER TIPP **Avantgardistisches Lederdesign** gibts bei *Valdez (Einkaufszentrum Paseo Alcorta, Local 1006* (O) *(e2)).* INSIDER TIPP **Lederkleidung zum besten Preis** findet man auf Höhe der Nummern 600–700 der Straße *Murillo* (O) *(O)* in Chacarita *(Murillo 666, Siciliano, SLM).* Elegante Damenschuhe führt *Ricky Sarkany* im *Shopping Patio Bullrich (Av. Libertador 740* (O) *(g4) | www.rickysarkany.com)* und in anderen großen Kaufhäusern. Herrenschuhgeschäfte konzentrieren sich vor allem in der Fußgängerzone *Florida* (O) *(h5–6)* zwischen der Avenida Santa Fe und der Avenida Corrientes.

MUSIK

DVDs und CDs kauft man günstig in der Fußgängerzone *Florida* (O) *(h5–7)* oder auf der *Avenida Corrientes* zwischen 9 de Julio und Callao (O) *(f–g6).* An der letzteren Ecke befindet sich *Zival's* mit ausgezeichneter Tangoauswahl und gutem CD-Sortiment.

SCHMUCK & ACCESSOIRES

Origineller Modeschmuck bei *La Mercería (Honduras 4795* (O) *(b4)),* in den Einkaufszentren *Paseo Alcorta* und *Galerías Pacífico* und bei *Luna Garzón (Libertad 1185* (O) *(g5)).* Modernen Schmuck bieten *María Medici (Niceto Vega 4619* (O) *(b5))* und die Juweliere des interessanten Webportals *Joyeros Argentinos (www.joyeros-argentinos.com.ar).*

RETRO AUF ARGENTINISCH

Die Gauchos kauften ihre *yerba mate* einst in der *pulpería,* einer Art argentinischer Tante-Emma-Laden, in dem sie sich neben Artikeln des täglichen Bedarfs auch Arbeitskleidung und Tabak besorgten und sich ein Glas Wein einschenken ließen. Einige wenige *pulperías* haben in Buenos Aires, San Antonio de Areco *(La Blanqueada, Bar El Resorte, Almacén Los Principios)* und anderen Städten überlebt. In jüngster Zeit werden sie von jungen Gästen wiederentdeckt, die in der Tradition des Gläschens Wermut oder Genever zur traditionellen *picada* (Oliven, Käse, Salami) einen Ausgleich suchen zum Übermaß an *cool* und *fashion* – z. B. im *El Federal (Uriarte 1667* **(O)** *(b4))* in Palermo, in der *Bar El Federal (Carlos Calvo 599* **(U D3)** *(O))* in San Telmo oder am Westrand der Stadt, wo am Wochenende die Feria de Mataderos stattfindet, in der *Bar Oviedo (Lisandro de la Torre 2407* **(O)** *(O)).* Auch im *Cumaná (Rodríguez Peña 1149* **(O)** *(f5))* in Recoleta findet man das Ambiente der *pulperías* wieder.

Eine Cafélegende: Das nostalgische Tortoni ist heute auch Kulisse für Jazz und Tangoevents

SECONDHANDKLEIDUNG

Kleider und Hüte aus den Vierziger- bis Siebzigerjahren führt *Feria Alma Zen (Anchorena 660* (0) *(□ d6) | www.feriaalmazen.com.ar).*

FREIZEIT & SPORT

Buenos Aires verfügt über ein Netz von Fahrradwegen *(short.travel/arg2).* An gut 150 Stationen kann man auch als Ausländer mit Pass und einer lokalen Adresse (z. B. Hotel oder Mietvertrag) eines der städtischen ● Gratismieträder ausleihen *(short.travel/arg3).* Verschiedene Vermieter organisieren auch Biketouren zu den Sehenswürdigkeiten der Stadt.

AM ABEND

Nach 22 Uhr strömen die Nachtschwärmer in die City, nach San Telmo, Palermo und Recoleta. Die Jüngeren kommen vor allem in den zahlreichen neuen Craft-Beer-Kneipen zur *previa* zusammen, zum Vorglühen vor dem Besuch von Clubs und Discos, wo es erst nach Mitternacht richtig losgeht. Aktuelle Infos auf *www.vuenosairez.com* und *www.wipe.com.ar.*

CAFÉS

Die Cafés an allen Ecken geben der Stadt einen gemütlichen Charakterzug und sind ein angenehmes Gegengewicht zur Hektik des Straßenlebens. Tango und Nostalgie gehören zum Flair dazu. Das *Café Tortoni (Av. de Mayo 825* (0) *(□ h7) | www.cafetortoni.com.ar),* die etwas mitgenommene *Confitería Ideal (Suipacha 384* (0) *(□ g–h6))* und das herausgeputzte *Las Violetas (Medrano/Av. Rivadavia* (0) *(□ c7))* gehören zu den traditionellsten. Auch das anspruchsvolle *La Biela (Quintana 600/Ortiz* (0) *(□ f4 | www.labiela.com)* in Recoleta oder das bescheidenere *Varela Varelita (Scalabrini Ortiz/Paraguay* (0) *(□ c4))* haben eine lange Geschichte.

KINO

Buenos Aires ist die wohl cinephilste Stadt der südlichen Hemisphäre. Über 220 Kinosäle bieten ein breites Filmangebot, das auch für all jene interessant ist, die nicht Spanisch sprechen, denn nahezu alle Filme laufen im Original mit spanischen Untertiteln. Raritäten werden im Kino des Stadttheaters San Martín *(Sala Lugones | Corrientes 1530* (0) *(🕮 f6))* und im Universitätskino *Cine Cosmos (Corrientes 2046* (0) *(🕮 f6)),* argentinische Filme in den Kinosälen im *Cine Gaumont (Rivadavia 1635* (0) *(🕮 f7))* gezeigt. Es gibt täglich bis zu sechs Vorführungen in jedem Haus und samstags dazu noch eine Spätvorstellung ab 1 Uhr. *220 Pesos, Mi 110 Pesos*

MUSIK & DISKOTHEKEN

Im INSIDER TIPP *Milión (Paraná 1048* (0) *(🕮 g5) | www.milion.com.ar),* einem dreistöckigen, mehr als 100 Jahre alten Haus, trifft sich im Innern oder im Garten internationales Publikum allen Alters zu Bier, Imbiss, Musik und Kunst. Salsa, Bolero und Merengue wird im *Azúcar (Corrientes 3330* (0) *(🕮 d6) | www.azucarsalsa.com)* und im *La Salsera (Yatay 961* (0) *(🕮 b6) | www.lasalsera.com)* gelehrt und getanzt.

Zu den beliebtesten Discos gehören *Mandarine (Av. Presidente Castillo 2800* (0) *(🕮 f3) | www.mandarinetngrs.com)* an der Costanera Norte und *Niceto (Niceto Vega 5510* (0) *(🕮 a4) | www.nicetoclub.com),* wo auch die beste Livemusik auf die Bühne kommt. In den Arkaden unter der Bahn zählt das von Campino und den Toten Hosen für ihre Auftritte in Buenos Aires bevorzugte *The Roxy (Niceto Vega 5542* (0) *(🕮 a4) | www.theroxybar.com.ar)* zu den viel besuchten Stationen des Nachtlebens. Der *Kika Club (Honduras 5339* (0) *(🕮 b4) | www.kikaclub.com)* ist eine der beliebtesten Discos; er liegt an dem Bahngelände, das Palermo Hollywood von Palermo Soho trennt. Im rund 100-jährigen Fabrikgebäude der *Ciudad Cultural Konex (Sarmiento 3131* (0)

Club Museum: Auf drei Ebenen treffen sich Amüsierwillige in einer alten Fabrikhalle

(🕮 d7) | www.cckonex.org) gibt es Tanz, Musik und Theater in allen Varianten. In der Bar *Notorious (Av. Callao 966* (0) *(🕮 f5–6) | www.notorious.com.ar)* spielen die besten Jazzmusiker der lokalen Szene. In einer von Gustave Eiffel gebauten ehemaligen Fabrik glänzt die Disco *Club Museum (Perú 535* (U D2) *(🕮 0) | www.clubmuseum.com.ar)*. Einen guten Drink zur Happy Hour bekommt man nach Büroschluss in der ● *Gran Bar Danzón (Libertad 1161* (0) *(🕮 g5) | www.granbardanzon.com.ar)* mit großer Weinauswahl, guter Küche und gelegentlichem Livejazz.

TANGO

Wer mag, kann in der Tangohauptstadt abends Tanzunterricht nehmen. Wer es wagt, kann auch im *Gricel (La Rioja 1180* (0) *(🕮 0) | www.clubgriceltango.com.ar)* Tango tanzen oder auch nur vom Tisch aus zuschauen, wie die Paare auf dem Parkett komplizierte Figuren beschreiben. Weitere Lokale: ● *Torquato Tasso (Defensa 1575* (U D4) *(🕮 0) | Tel. 011 43 07 65 06 | www.torquatotasso.com.ar)* mit der besten Livemusik, *La Viruta (Armenia 1366* (0) *(🕮 b4) | Tel. 011 47 75 01 60 | www.lavirutatango.com)*, *Salón Canning (Scalabrini Ortiz 1331* (0) *(🕮 b5) | Tel. 011 48 33 32 24 | www.parakultural.com.ar)* oder INSIDER TIPP *Sin Rumbo (Tamborini 6157* (0) *(🕮 0) | Tel. 011 15 59 22 79 22)*. Im Letztgenannten im abgelegeneren Stadtteil Villa Urquiza lebt noch das echte Klima nichttouristischer Tangoveranstaltungen.

Die Tanzveranstaltungen beginnen etwa um 22 Uhr ein- oder zweimal in der Woche pro Saal, sodass man jeden Tag woanders tanzen kann. Etwa zwei Stunden vor dem öffentlichen Tanz, der *milonga*, wird in den meisten Sälen für rund 80 Pesos pro Person das Tangotanzen gelehrt. Höhepunkt der Tangosaison, an dem alle oben erwähnten Tanz- und Musikstätten und viele weitere teilnehmen, ist das ★ *Tango Buenos Aires Festival y Mundial (www.festivales.buenosaires.gob.ar)* mit Tangoweltmeisterschaft im August.

Künstlerische Tangoshows (reservieren!) gibt es z. B. im *Señor Tango (tgl. ab 20.15 Uhr | Vieytes 1655* (0) *(🕮 0) | Tel. 011 43 03 02 31 | Eintritt ohne/mit Abendessen 60/140 Dollar | www.senortango.com.ar)* und in der *Esquina Carlos Gardel (Carlos Gardel 3200* (0) *(🕮 d6) | Tel. 011 48 67 63 63 | 123/182 Dollar | www.esquinacarlosgardel.com.ar)*. Tango mit Orchester (am Wochenende unbedingt reservieren!) bieten *Madero Tango (Alicia Moreau de Justo/Brasil* (U E4) *(🕮 0) | Tel. 011 52 39 30 09 | ohne/mit Abendessen ab 480/ab 1200 Pesos | www.maderotango.com)* und *El Viejo Almacén (Balcarce 799* (U D2) *(🕮 0) | Tel. 011 43 07 73 88 | ohne/mit Abendessen 90/140 Dollar | www.viejoalmacen.com.ar)*. Im Belle-Époque-Theater *Piazzolla Tango (Florida 165* (0) *(🕮 h7) | Tel. 011 43 44 82 00 | ohne/mit Abendessen ab 995/1750 Pesos | www.piazzollatango.com)* spielt ein Sextett u. a. Piazzollas Musik zur Tanzshow. Im *12 de Octubre (Di–Sa | Bulnes 331* (0) *(🕮 c7))* – auch INSIDER TIPP *Bar de Roberto* genannt – singen noch wie in den alten Bars der Vorstädte mehr oder weniger professionelle Stammgäste einfach mit einer Gitarre am Tisch oder sogar a cappella. Auf den Websites *www.todotango.com* und *www.milmilongas.com* findet man ausgiebige aktuelle Informationen (auch auf Englisch) über Tangokurse, Shows und Tanzveranstaltungen („Milongas").

Sobald Carlos Gardel zu Ruhm und Geld gekommen war, kaufte er seiner Mutter ein Haus im Stadtteil Abasto. Dort wohnte er mit ihr bis zu seinem Tod 1935. Heute ist das Haus Museum *(Museo Casa Carlos Gardel | Mo und Mi–Fr 11–18, Sa/*

Die Kuppel im Hauptsaal des perfekt restaurierten Teatro Colón ist stattliche 43 m hoch

So 10–19 Uhr | 30 Pesos, Mi frei | Jean Jaurés 735 (O) *(🕮 d6) | www.buenosaires.gob.ar/museocasacarlosgardel).*

THEATER & OPER

Im Theater finden die *porteños* in der Reflexion ihres krisengeplagten Alltags ein Erlebnis der Gemeinsamkeit, das weder Film noch Fernsehen bieten. Die stolze Zahl von über 200 Theatersälen (von denen etwa die Hälfte dem sogenannten *teatro independiente* angehören: *www.alternativateatral.com*) macht klar, welchen Stellenwert die darstellende Kunst für die Hauptstädter hat. Zu den besten Bühnen gehören das Stadttheater *San Martín (Corrientes 1530* (O) *(🕮 g6–7) | Tel. 0800 3 33 62 54 | www.complejoteatral.gob.ar)*, das Nationaltheater *Cervantes (Libertad 815* (O) *(🕮 g6) | Tel. 011 48 15 88 43 | www.teatrocervantes.gov.ar)*, *La Plaza (Corrientes 1660* (O) *(🕮 f6) | Tel. 011 63 20 53 00 | www.paseolaplaza.com.ar)* sowie für die Avantgarde im Off-Corrientes das INSIDER TIPP *El Camarín de las Musas (Mario Bravo 960* (O) *(🕮 c5) | Tel. 011 48 62 06 55 | www.elcamarindelasmusas.com)* mit einem sympathischen Restaurant im Foyer und das *Sportivo Teatral (Thames 1426* (O) *(🕮 b4) | Tel. 011 48 33 35 85 | www.sportivoteatral.com.ar)*.

Zwei große Kulturzentren wurden in den letzten Jahren in historischen Gebäuden installiert, beide mit phantastischen Konzertsälen: die *Usina del Arte (Caffarena 1* (U F4) *(🕮 O) | www.buenosaires.gob.ar/usinadelarte)* in einem alten E-Werk in La Boca und das *Centro Cultural Kirchner (Sarmiento 151* (O) *(🕮 j7) | www.cck.gob.ar)* mit seinen kostenlosen Kunstausstellungen, Konzerten und Theateraufführungen (bei einigen Veranstaltungen müssen die Karten allerdings übers Internet reserviert werden) in der ehemaligen Hauptpost.

Das 1908 eingeweihte, legendäre Opernhaus ★ *Teatro Colón (Cerrito zwischen Tucumán und Viamonte* (O) *(🕮 g6) | www.teatrocolon.org.ar)* soll nach Expertenmeinung die beste Akustik der Welt haben. Fast 3000 Zuschauer können unter der vom argentinischen Künstler Raúl

Soldi ausgemalten Kuppel zusammenkommen. Auf der 32 m breiten Bühne sangen Maria Callas und Luciano Pavarotti, spielte Yehudi Menuhin, tanzte Rudolf Nurejew und dirigierten Arturo Toscanini, Herbert von Karajan und natürlich auch der in Argentinien geborene Daniel Barenboim, der hier jährlich mit Martha Argerich ein Festival organisiert.

ÜBERNACHTEN

BONITO BUENOS AIRES (U D3) *(🕮 0)*
Fünf Zimmer in einem Altbau in San Telmo, liebevoll eingerichtet. *Av. Juan de Garay 458 | Tel. 011 43 62 84 51 | www.thecocker.com* | €€–€€€

CASA CALMA (0) *(🕮 g–h5)*
Feines Ökohotel mit 17 Zimmern im Zentrum. Den Gästen stehen umweltfreundliche Bambusfahrräder zur Verfügung. *Suipacha 1015 | Tel. 011 43 12 50 00 | www.casacalmahotel.com* | €€€

CHILL HOUSE (0) *(🕮 d6)*
Das 100-jährige Haus eines Tangosängers aus den Zeiten Carlos Gardels; renoviert, mit Gemeinschaftsküche, Patios und Terrasse. *10 Zi. | Agüero 781 | Tel. 011 48 61 61 75 | www.chillhouse.com.ar* | €–€€

CIRCUS HOSTEL & HOTEL
(U D3) *(🕮 0)*
Gut gelegenes Hostel in San Telmo mit Pool, Lounge und Grill. *32 Zi. | Chacabuco 1020 | Tel. 011 43 00 49 83 | www.hotelcircus.com* | €

ESPLENDOR PHOENIX (0) *(🕮 h6)*
Das älteste Hotel der Stadt glänzt in neuer Designerausstattung. Zentrale Lage – reservieren Sie in den oberen Etagen, vom Straßenlärm weg. Gutes Restaurant. *51 Zi. | San Martín 780 | Tel. 011 52 56 88 00 | www.esplendorbuenosaires.com* | €€–€€€

THE HAIG (0) *(🕮 b3)*
Von einem Kanadier geführtes Haus in Palermo Hollywood mit 18 Apartments für ein eher jüngeres Publikum. Pool, Gym und Loungebar. *Humboldt 2060 | kein Tel. | www.haigba.com* | €€€

GRAN HOTEL HISPANO (U C1) *(🕮 h7)*
Die 60 Zimmer reihen sich um einen spanischen Innenhof. *Av. de Mayo 861 | Tel. 011 43 45 20 20 | www.hhispano.com.ar* | €€

HOME HOTEL (0) *(🕮 a3)*
Ein noch recht neues Hotel in Palermo mit Ökomanagement, Swimmingpool, Spa und Restaurant. *20 Zi. | Honduras 5860 | Tel. 011 47 79 10 06 | www.homebuenosaires.com* | €€€

ILUM EXPERIENCE HOME (0) *(🕮 a3)*
Modernes Design mit buddhistisch inspirierter Note, gut gelegen in einer ruhigen Ecke Palermos. Mit Pool und Bar. *27 Zi. | Bonpland 1720 | 011 47 76 86 67 | www.ilumhotel.com* | €€€

IMAGINE (U B2) *(🕮 0)*
Neun Zimmer um zwei Patios und einen Garten in einem stilgerecht möblierten Haus aus dem 19. Jh. in San Telmo. *México 1330 | Tel. 011 43 83 22 30 | www.imaginehotelboutique.com* | €€

MALABIA HOUSE (0) *(🕮 b4)*
14 Zimmer in einem ehemaligen Nonnenkloster aus dem Jahr 1896, eines davon mit Balkon auf die Straße in einer relativ ruhigen Ecke Palermos. *Malabia 1555 | Tel. 011 48 33 24 10 | www.malabiahouse.com.ar* | €€

AUSKUNFT

Es gibt Informationsstände in der Innenstadt *(Florida 50* (U D1) *(🕮 h7); Plaza*

San Martín (O) *(🕮 h5); Gorriti 200 in Puerto Madero* (O) *(🕮 j6), Quintana 596 in Recoleta;* (O) *(🕮 f4) Busterminal Retiro* (O) *(🕮 h4))* sowie an den Flughäfen. *www.turismo.buenosaires.gob.ar*
Zentrale der *Secretaría de Turismo: Av. Santa Fe 883 | Tel. 0800 5 55 00 16 | www. turismo.gov.ar*

ZIELE IN DER UMGEBUNG

ESTANCIAS

Sie möchten mal Gaucho spielen? Viele Landgüter, die *estancias,* laden in der Umgebung zu einer Landpartie ein. Die 150 Jahre alte INSIDER TIPP *Estancia Dos Talas (6 Zi. | Tagesausflug 100 Dollar/Person, mit Übernachtung, Aktivitäten und Vollpension 200 Dollar/Person | RN 2 km 204 | Tel. 02245 50 30 91 | www.dostalas.com.ar)* in *Dolores* (137 E6) *(🕮 E8)* vereint Natur, Geschichte und Kultur. ● Reitausflüge mit Teilnahme an der Landarbeit der Gauchos, Birdwatching (300 Vogelarten an der Lagune!), Spaziergänge durch den 30 ha großen Park oder das Schmökern in der 3000 Bände zählenden Bibliothek mit französischer, englischer und argentinischer Literatur gehören zu den Attraktionen des Landguts, das von Luis Elizalde geführt wird, dem Urenkel des Gründers von Mar del Plata. Um das prachtvolle Landhaus der INSIDER TIPP *Estancia Villa María (Tagesausflug mit Mittagessen und Aktivitäten 2450 Pesos/Person, Übernachtung mit Vollpension und Aktivitäten ab 4310 Pesos/Person im DZ | Ruta 205 km 47,5 | Tel. 011 43 42 12 23 | www.estanciavillamaria.com)* bei *Máximo Paz* (146 B3) *(🕮 D7)* erstreckt sich ein großer Park. Reiten und ein ● *asado* gehören zum Programm.

LA PLATA ★ (147 F5) *(🕮 E7)*

50 km von Buenos Aires entfernt liegt die Provinzhauptstadt La Plata. Am Reißbrett entworfen, entstand 1882 eine moderne Stadt mit architektonischen Schmuckstücken. Das perfekte Schachbrettmuster wird von vier Diagonalen durchzogen, die zu den öffentlichen Plätzen führen. Diese befinden sich jeweils in exakt gleichem Abstand zueinander.
Der schönste Spaziergang durch die Stadt (690 000 Ew.) beginnt auf der *Plaza Moreno,* wo die *Kathedrale* steht, ein neugotisches Werk von 1885, das in Anlehnung an den Kölner Dom und die Kathedrale von Amiens errichtet wurde. Die monumentalen Fenster sind Reproduktionen der Kirchenfenster von Chartres in Frankreich. Der Besuch im *Museo de Ciencias Naturales (Di–So 10–18 Uhr | 25 Pesos | Paseo del Bosque | www.museo.fcnym.unlp.edu.ar)* lohnt sich vor allem wegen der einzigartigen paläontologischen Sammlung fossiler Säugetiere. Im 100-jährigen Eckhaus des *Hotels Benevento (29 Zi. | C/ 2 Nr. 645 zwischen C/ 45 und Diagonal 80 | Tel 0221 4 23 77 21 | www.hotelbenevento.com.ar | €€)* finden Sie komfortable Unterkunft. Das *Hostel Frankville (10 Zi. | C/ 46 Nr. 781 zwischen C/ 10 und 11 | Tel. 0221 4 82 31 00 | www.frankville.com.ar | €)* befindet sich nur 300 m vom Hauptplatz entfernt.

SAN ANTONIO DE ARECO
(146 C4) *(🕮 E7)*

Die Gauchotradition hat ihre Hochburg in San Antonio de Areco. Zeugnisse aus jener Zeit sind die *pulpería* genannten Kneipen um den Hauptplatz, die vielen Silberschmiede und die *estancias* (Landgüter) der Umgebung. Im Museumsdorf *Parque Criollo y Museo Ricardo Güiraldes (tgl. 10–17 Uhr | Eintritt frei | short.travel/arg4)* sind einige der Gebäude erhalten, die der Dichter Ricardo Güiraldes in seinem Gauchoepos „Don Segundo Sombra" verewigte. Busse fahren von Buenos Aires nach Areco von der *Busstation Reti-*

ro (0) *(🕮 h4)* aus *(340 Pesos hin und zurück).*

TIGRE ★ (147 E4) *(🕮 E7)*
Nur 30 km nördlich von Buenos Aires beginnt die einzige nahe gelegene Alternative zur landschaftlich etwas eintönigen Ebene der Pampa: das weit verzweigte, rund 2600 km^2 große und üppig bewachsene Delta des Río Paraná – eine sumpfige Inselwelt. Der südlichste Flussarm ist der Río Luján, an dessen linkem Ufer vor der Mündung in den breiten La-Plata-Strom die Vorstadt Tigre liegt. Zwischen den Flüssen Luján und Paraná erstreckt sich das etwa 100 km^2 große Naturschutzgebiet *Paraná de las Palmas.*
Lastkähne transportieren die Produkte der Region, hauptsächlich Obst, durch das Gewirr der Wasserarme, bunte Märkte laden zum Stöbern ein. Zahlreiche Reisebüros bieten Exkursionen nach Tigre an. Wer auf eigene Faust fahren möchte, nimmt am besten die Vorstadtbahn in Richung Endstation Tigre vom Bahnhof Retiro aus. Am Kai der Estación Fluvial fahren die *lanchas colectivo* ab, die kleinen Ausflugsdampfer. Eine ausführlich beschriebene Tour nach Tigre finden Sie im Kapitel „Erlebnistouren".
In einer knappen Stunde erreichen Sie mit dem „Wasseromnibus" von *Interisleña (Tel. 011 47 49 09 00)* das nette Restaurant *Gato Blanco (Tel. 011 47 28 03 90 | www.gato-blanco.com | €€)* am Ufer des Río Capitán. Im *Alpenhaus (Arroyo Rama Negra | Tel. 011 47 28 04 22 | www.alpenhaus.com.ar | €€–€€€)* am Río Capitán können Sie deutsch-österreichisch essen und in Bungalows übernachten. Etwas weiter entfernt (90 Minuten Flussfahrt), abseits vom Wochenendrummel, ist die ● *Hostería Los Pecanes (4 Zi., 3 Bungalows | Arroyo Felicaria/Canal Feliciano, Segunda Sección | Tel. 011 47 28 19 32 | www.hosterialospecanes.com | €€)*, umschwirrt von vier verschiedenen Kolibriarten, ein schönes Ziel für einen Tagesausflug oder eine Übernachtung.

Im Ausflugsdampfer geht es durch die Wasserwelt nach Tigre vor den Toren der Hauptstadt

DIE OSTKÜSTE

Einer der schönsten Wochenendabstecher von Buenos Aires oder La Plata aus führt an die Atlantikküste. Hier ist die Landschaft so flach, dass der Wind ungehindert über die Pampa hinwegfegen kann. Schon winzige Windmühlen reichen aus, um die Einwohner der Bucht von Samborombón mit Strom zu versorgen.

Zunächst ist das Wasser am Strand noch brackig und bietet in ausgedehnten Sümpfen *carpinchos,* den lustigen Wasserschweinen, und den leider inzwischen seltener gewordenen Sumpfhirschen Lebensraum. Ein Naturpark *(Parque Nacional Campos del Tuyú | Parkwächter in General Lavalle | Mitre 160 | www.parquesnacionales.gob.ar)* erstreckt sich über 30 km^2 und soll zum Schutz der bedrohten Arten beitragen.

Bei San Clemente del Tuyú, in Punta Rasa, machen alljährlich zahlreiche Zugvögel Station. Auch in den Lagunen im flachen Hinterland der Pampa, die sich auf rund 200 km von Kap San Antonio bis Mar Chiquita erstrecken, kann man Vögel beobachten.

Am Hafen von San Clemente del Tuyú beginnt die Ferienküste Argentiniens. Auf dem Weg von Badeort zu Badeort kommen Sie immer wieder durch völlig unbewohnte Gegenden und Landschaften mit Dünen und Hartgräsern. Hier gibt es keine Schotterstraßen, sondern Muschelschalen bilden den Untergrund, wodurch das Fahren – kein Staub, keine Steine – recht angenehm wird.

Zwischen Pinamar und Miramar finden sich heute dichte Nadel- und Laubwälder,

Bild: Mar del Plata

Sandstrände und Eukalyptuswälder: Die Badeorte an der Atlantikküste südlich von Buenos Aires locken in die Sommerfrische

die die Wanderdünen befestigen und Schatten spenden. In den 1930er-Jahren begannen europäische Einwanderer mit enormer Anstrengung, Bäume in den Dünen zu pflanzen, doch die zarten Pflanzen waren nicht nur Stürmen und dem salpeterhaltigen Salzwasser ausgesetzt, sondern auch zahlreichen Parasiten. Trotzdem verzagten die Siedler nicht und der Erfolg gibt ihnen heute recht.

Héctor Guerrero begann 1918 auf seiner *estancia* hinter den Dünen Eukalyptusbäume und Zedern zu setzen und nannte die grüne Oase Cariló. Das heißt in der Sprache der Mapuche grüne Dünen. Zehn Jahre später gelangte der Schweizer Einwanderer Karl Idaho Gesell an die Küste. Während er noch um seine Zypressen- und Ulmensetzlinge im heutigen Villa Gesell bangte, gründeten Valeria Guerrero und der Architekt Jorge Bunge eine Gesellschaft, die einen ähnlichen Plan verfolgte, der in der Grundsteinlegung von Pinamar endete. Es folgten lange Jahre des Experimentierens und Aufforstens, bis Akazien, Kiefern, Trauerweiden

und Eukalyptusbäume in den Dünen heimisch wurden.
In den 1950er-Jahren kamen die ersten *porteños* auf die Idee, sich Ferienhäuschen in den noch winzigen Orten am Strand zu bauen oder sich in den Gästehäusern einzumieten. In nur 20 Jahren wurden die Badeorte zu Wallfahrtsorten des Massentourismus – zwischen Dezember und Februar finden sich Tausende Sommerfrischler ein, die Einwohnerzahl wächst um ein Zehnfaches an.
Den argentinischen Urlaubern macht dieser Ansturm nichts aus. Sie lieben Geselligkeit und bevorzugen überfüllte Strände. Man sieht sich und will gesehen werden. Insbesondere die Einwohner entlegenerer Gegenden wie etwa Patagonier kommen mit dem Wunsch, ein wenig Hektik und viel Kultur zu genießen. Tatsächlich verlagert sich das kulturelle Angebot der Hauptstadt im Sommer an die Ferienküste. Aber es gibt auch einsame Badestrände, zum Teil mit Felsenküste, geradezu ideal zum Surfen, Schnorcheln und Tauchen. Nur Argentinier sieht man hier selten.

MAR DEL PLATA

(137 E6) (*🗺 E8*) **Das Seebad Mar del Plata (640 000 Ew.), einst die Stadt der Freude genannt und ein Mekka für phantasievolle Architekten, besitzt mittlerweile eine fast beängstigende Skyline.** Die Stadt scheint nur noch aus Hoteltürmen und Einkaufszentren zu bestehen. Längst ist die Zeit vorbei, als sich wohlhabende *porteños* hier ihre Wochenendhäuser bauen ließen. Heute ist Mar del Plata hauptsächlich ein Ferienort für Fa-

Strandpromenade in Mar del Plata, der großstädtischen Bademetropole des Landes

milien aus ganz Argentinien, während sich die Schickeria vorwiegend an Uruguays Strände, etwa nach Punta del Este, zurückgezogen hat.
An den langen, feinsandigen Stränden ziehen sich wie ein Gürtel Badehäuschen und Strandzelte um den Ort und versperren die Sicht auf den tobenden Atlantik. Besonders beliebt bei den Besuchern sind die hoffnungslos überfüllten Strände *Playa Bristol* und *Playa Popular.*
Mar del Plata muss in der Saison von Anfang November bis Ostern den Ansturm von gut 3,5 Mio. Badegästen über sich ergehen lassen – Gäste, die gar nicht daran denken, sich gleichmäßig über die 20 km Sandstrand zu verteilen. Immer wieder sieht man Gruppen von klatschenden Jugendlichen durch die Sonnenbadenden schreiten. Das bedeutet: Hier ist ein Kind verloren gegangen! Mit dem Kleinen auf den Schultern versucht man nun, durch Klatschen seine Familie wiederzufinden. Auch im Stadtzentrum herrscht Gedränge in den Einkaufszentren der Fußgängerzonen. Wie die meisten Städte Argentiniens ist auch Mar del Plata im Schachbrettmuster angelegt worden.
Im Winter, sagen die Einheimischen, kann man das wirkliche Mar del Plata erleben, die Stadt der Fischer und Hafenarbeiter. Dann wird es so still, dass man abends das Meer rauschen hört. Die Hotelburgen stehen ab April leer, viele Geschäfte und Restaurants sind geschlossen.

SEHENSWERTES

PUERTO ★

Der Hafen ist mehr als einen Besuch wert. Hier können Sie direkt vom Kutter frischen Fisch und Krabben kaufen, den Fischern beim Flicken der Netze und beim Reusenknüpfen zusehen oder sich einfach an dem Schauspiel erfreuen, das die Seehunde beim Einlaufen der Fischflotte veranstalten. Der Hafen von Mar del Plata, heute noch von italienischer Tradition geprägt, hat sich im Lauf der Jahre zu einer Art Altersheim für Robben entwickelt. Immer mehr bequem gewordene alternde Seehunde lagern an der steinigen Küste und nahe der Südmole, wo sie unter Naturschutz stehen, und warten auf Fischabfälle. Besonders freche Exemplare wagen sich auch schon mal auf die kleinen Fischerboote.

ESSEN & TRINKEN

Der italienische Einfluss in Mar del Platas Küche lässt sich kaum verleugnen. Neben Pasta gibt es frischen Fisch und originell zubereitete Meeresfrüchtegerichte. Die Auswahl an guten Restaurants ist groß, nur sind sie leider im Sommer oft sehr voll.

INSIDER TIPP ANTARES

Beliebter Treffpunkt der lokalen Jugend nahe der Playa Grande zum hausgebrauten Bier. In der Brauerei selbst *(Do–Sa 15–20 Uhr | 12 de Octubre 7749 | www.cervezaantares.com)* gibt es Führungen

MARCO POLO HIGHLIGHTS

★ Puerto in Mar del Plata
Der Hafen der Strandmetropole ist zum Asyl für alternde Robben geworden → S. 57

★ Cariló
Der architektonisch gelungene Badeort gleicht einem Countryclub → S. 59

★ Punta Rasa
Auf der Landzunge werden Sumpfhirsche und Zugvögel geschützt → S. 61

und auch eine Bierbar. *Bernardo de Irigoyen 3851 | Tel. 0223 4 92 44 55 |* €

ESPIGÓN DE PESCADORES

Hier isst man Fisch in passender Umgebung: auf dem Fischerclubdamm, umgeben vom Meer. *Escollera del Club de Pescadores | Boulevard Marítimo/Av. Luro | Tel. 0223 4 93 17 13 |* €–€€

SARASANEGRO

Allgemein als beste Küche in Mar del Plata anerkannt, in der die Fischgerichte in Gourmetversion und mit feinen Gemüsezutaten nach Mittelmeertradition auf den Tisch kommen. *Paseo Victoria Ocampo 2/Playa Grande | Tel. 0223 4 73 08 08 | www.sarasanegro.com.ar |* €€€

INSIDER TIPP TORRE CERCHIARA

Das beliebteste Fischrestaurant der Einheimischen, etwas versteckt am Südende der Stadt. Gutes Weinsortiment. *Luis Vernet 1699 | Punta Mogotes | Tel. 0223 4 84 12 33 |* €€–€€€

LOW BUDG€T

Bei *Lo de Carlitos (Paseo 107/Av. 2 und 3 | Tel. 02255 47 03 50 | www.lodecarlitos.com)*, dem Pfannkuchenkönig in Villa Gesell, können Sie unter unglaublichen 300 Sorten – süß oder salzig – wählen: ab 85 Pesos pro Stück.

● Après Beach: Musik, Mode und Gym – an den Stränden in Pinamar beginnen im Januar/Februar bei Sonnenuntergang die Gymsessions, Modeschauen und Rock- und Popkonzerte, und zwar umsonst für jedermann.

AM ABEND

Das abendliche Unterhaltungsangebot ist vielfältig und wird durch das alljährlich stattfindende Filmfestival und Kunstausstellungen bereichert.

ÜBERNACHTEN

Die Stadt besteht hauptsächlich aus Hoteltürmen und Gasthäusern, auch private Unterkünfte und Ferienbungalows sind in großer Zahl zu haben. Während der Sommermonate empfiehlt es sich, bereits vor der Anreise zu reservieren, da es oft zu Engpässen kommt, wenn sich zu den Sommerfrischlern auch noch Ärzte- und Chemikerkongresse gesellen.

HOTEL CALASH

Ruhiges, helles Haus im Tudorstil in der Nähe von Strand und Busterminal. *21 Zi. | Falucho 1355 | Tel. 0223 4 51 61 15 | www.calashmdp.com.ar |* €€

NH GRAN HOTEL PROVINCIAL

Restauriertes Grandhotel im französischen Stil direkt am Meer. Große Zimmer. *500 Zi. | Bulevar Marítimo Patricio Peralta Ramos 2502 | Tel. 0223 4 99 59 00 | www.nh-hotels.com.ar |* €€€

VILLA NUCCIA

Boutiquehotel auf einer Anhöhe in ruhiger Umgebung, doch in unmittelbarer Nähe von Strand und Innenstadt. Mit Garten und Pool. *6 Zi. | Almirante Brown 1134 | Tel. 0223 4 51 65 93 | www.villanuccia.com.ar |* €€€

AUSKUNFT

ENTE MUNICIPAL DE TURISMO

Bulevar Marítimo Patricio Peralta Ramos 2270 | Local 51 | Tel. 0223 4 95 17 77 | www.turismomardelplata.gov.ar

ZIELE IN DER UMGEBUNG

CARILÓ, PINAMAR UND VILLA GESELL

(137 E6) (*🗺 E8*)

Der wohl schönste Ort an der gesamten Ferienküste, das rund 120 km nördlich von Mar del Plata gelegene ★ *Cariló*, ist als Countryclub angelegt worden. Dichter Wald zwischen den Häuschen sorgt für Abgeschiedenheit. Noch sind die Straßen nicht asphaltiert und auch was die Architektur betrifft, ist die Stadtverwaltung streng: Neue Projekte müssen sich harmonisch in das Gesamtbild einfügen. Im Januar wird am Strand ein Poloturnier auf Sand gespielt; die Reiter gehören zur Poloelite, doch der Eintritt ist frei.

Nur 10 km weiter nördlich liegt der größere Ferienort *Pinamar* mit allen erforderlichen Dienstleistungen, die in Cariló nicht unbedingt zu finden sind, und knapp 10 km südlich das ebenfalls größere *Villa Gesell,* von wo aus man wenig umweltfreundlich mit Jeeps oder mit einem Strandbuggy in Geländefahrt über Dünen den INSIDER TIPP *Faro Querandí* erreicht. 276 Stufen führen den 54 m hohen Leuchtturm hinauf. Der Ausblick ist schwindelerregend, da schon das Turmfundament auf einer Höhe von 64 m über dem Meeresspiegel steht.

Dünenausflug bei Villa Gesell: besser mit Pferden als mit Pferdestärken

In Cariló wohnen Sie komfortabel im *Marcín (Laurel/Albatros | Tel. 02254 57 08 88 | www.hotelmarcin.com.ar | €€€)* mit 67 Zimmern und direktem Zugang zum Strand. Zum Haus gehört das Restaurant *De Mil Amores* (€€) mit Mittelmeerküche. Wer Abwechslung zur Meeresküche sucht, bekommt im *Tante (Divisadero 1470 | Tel. 02254 57 11 11 | www.tante.com.ar | €€)* Gulasch und Rehbraten, aber auch ein reiches Kuchenangebot zur Teestunde. Ein kinderfreundliches Apartmenthotel mit Pool und Sportgelegenheiten ist – ebenfalls in Cariló – das *San Remo Villa Corral (24 Apartments | Avellano 170 | Tel. 02254 47 04 04 | www.sanremohoteles.com | €€–€€€).*

FANGIO-MUSEUM BALCARCE
(137 E6) *(🕮 E8)*
Knapp 70 km westlich liegt Balcarce, die Heimatstadt des Rennfahrers Juan Manuel Fangio (1911–1995). Der fünffache Formel-1-Weltmeister hat dort ein Automobilmuseum gegründet, in dem die 46 Rennwagen ausgestellt werden, die Fangio fuhr: von einem Ford A 1929 über die Mercedes-Silberpfeile W 196 und 300 SLR bis zum Lancia-Ferrari D 50. *Tgl. 10–17 Uhr | 180 Pesos | Dardo Rocha/Mitre | www.museofangio.com*

LAGUNA DE LOS PADRES
(137 E6) *(🕮 E8)*
Über die Avenida Luro gelangt man auf die Landstraße RN 226, die nach 12 km an die in sanfte Hügellandschaft eingebettete Lagune führt. Im Naturpark am Südufer der Lagune sind rund 120 Vögelarten zu beobachten. Im ehemaligen Landgut befindet sich das *Museo Municipal José Hernández (Mo–Sa 10–16, So 11–16 Uhr | 10 Pesos)*, in dem das Alltagsleben der Gauchos reflektiert wird.

MAR DE LAS PAMPAS, LAS GAVIOTAS UND MAR AZUL (137 E6) *(🕮 E8)*
100 km nördlich von Mar del Plata kurz vor Villa Gesell bieten diese drei ineinander übergehenden kleinen Strandorte einen intimeren Kontakt zu Meer, Sand und Wald. Aufforstung hat hier die Dünen gefestigt und einen Lebensraum für zahlreiche Vögel geschaffen. Im von einer kalabrischen Familie geführten Restaurant *Amorinda (Av. Lucero/Gerchunoff | Mar de las Pampas | Tel. 02255 479750 | €€)* isst man die beste Pasta der Region.

SAN CLEMENTE DEL TUYÚ

(137 E6) *(🕮 E8)* **330 km von der Hauptstadt entfernt liegt die erste Strandperle**

Erfreut Ornithologen und flügellahme Zugvögel: Reserva Punta Rasa

(15 000 Ew.) an der lang gezogenen Bahía Samborombón.

San Clemente ist eher schlicht und ein Ferienort, der sich vor allem für Familien eignet. Seine eigentliche Attraktion liegt außerhalb: der Naturschutzpark auf der Landzunge Punta Rasa.

SEHENSWERTES

OZEANARIUM MUNDO MARINO

Im Ozeanarium sind neben Delphinen, Pinguinen, Robben und Seelöwen auch dressierte Raubwale zu sehen, die verletzt am Strand gerettet wurden. Auch 3 km weite Krebskolonien können vom Ozeanarium aus besichtigt werden. *Jan./Feb. tgl. 10–20, März und Dez. 10–18, April–Nov. Sa/So 10–18 Uhr | 495 Pesos | www.mundomarino.com.ar*

PUNTA RASA ★

Vom Leuchtturm *Faro San Antonio* aus überblickt man die gesamte Landzunge. Eine imaginäre Linie zieht von hier aus bis Punta del Este, dem mondänen Strandort am südöstlichen Ende Uruguays, die Grenze zwischen Río de la Plata und Atlantischem Ozean. Das farblich gemischte, leicht trübe und nur schwach salzige Wasser zeugt vom Übergang vom Fluss zum Meer. Auf mehreren Küstenstreifen erstrecken sich weite Krebskolonien, ein Leckerbissen für die Zugvögel, die daher in Scharen Punta Rasa anfliegen. Beim Leuchtturm befindet sich in einem großen Park das Thermalbad *Termas Marinas (Jan./Feb. tgl. 10–20 Uhr, sonst stark gestaffelte Zeiten | 398 Pesos | termasmarinas.com.ar).* Um das Bad erstreckt sich die 5 km² große *Reserva Punta Rasa,* ein wichtiges Beobachtungszentrum für Zugvögel. Rund 100 000 Vögel ruhen sich hier jährlich von ihrem langen Flug aus der nördlichen Hemisphäre aus: Kiebitze und Regenpfeifer, Schnepfen und Wasserläufer, Wander- und Sturmseeschwalben kommen zwischen Oktober und April aus Nordamerika und aus Skandinavien nach Punta Rasa. Eine zweite Vogelschar kommt zwischen April und September aus dem tiefen Süden, um im milderen Pampaklima zu überwintern.

ESSEN & TRINKEN

LA CANTINA DEL DELFÍN

Frischer Fisch am Hafen, Meeräsche vom Grill in großzügigen Portionen. *Av. 11 Nr. 225 | Tel. 02252 42 32 11 |* €

LA PARRILLITA

Hier bekommen Sie das beste Grillfleisch im Ort! *C/ 1 Nr. 2178 | Tel. 02252 52 59 65 |* €

LA QUERENCIA

Regionale Küche, Fisch, Paella. *C/ 1 Nr. 2453 | Tel. 02252 42 30 81 |* €

ÜBERNACHTEN

CORREA PLAYA

Schlichtes Haus mit 55 Zimmern, guter Service. Von April bis November nur am Wochenende geöffnet. *Talas del Tuyú 2883 | Tel. 02252 42 12 12 | www.hotelcorrea.com.ar |* €

GRAN HOTEL FONTAINEBLEAU

Hotelkasten mit 79 renovierten Zimmern, alle mit Blick aufs Meer. *C/ 3/Costanera | Tel. 02252 42 11 87 | www.fontainebleau.com.ar |* €–€€

MEDITERRANEO APART HOTEL

Modernes Apartmenthotel mit kleinem Swimmingpool, Tennisplatz und Frühstückssaal. *14 Apartments | Av. 3 Nr. 3050 | Tel. 02252 52 75 85 | www.apartresortsc.com.ar |* €€

DER NORDWESTEN

Der Nordwesten gehört zu den landschaftlich interessantesten Regionen Argentiniens. Die sanften Bergketten Córdobas setzen sich fort in der Hochkordillere der Cuyoregion.

In ihrem Westen erhebt sich drohend die Hochkordillere mit verschneiten Gipfeln: Der größte unter ihnen ist der legendäre Aconcagua (6962 m), der zugleich auch der höchste Berg des Kontinents ist. Im Süden und auch im Norden nimmt die Zahl der Vulkane zu. 320 km nördlich von San Juan liegt der Nationalpark Ischigualasto, auch Mondtal, Valle de la Luna, genannt. Faszinierende Steinformationen und vom Wind geformte Skulpturen hinterlassen ein Gefühl von Unwirklichkeit.

Auch im hohen Norden, in der Quebrada de Humahuaca nördlich von Jujuy, hat die Natur für ein besonderes Schauspiel gesorgt. Die Bergketten sind mit bunten Erzen durchsetzt und bilden so in leuchtendem Rot, Gelb und Blau einen dramatischen Gegensatz zum Grün der haushohen Kandelaberkakteen.

Im gesamten Nordwesten sind die Spuren indianischer Tradition noch lebendig. Hier ist *Pachamama,* die Erd- und Fruchtbarkeitsgöttin, zu Hause. Sie wird von den Indianerstämmen verehrt und häufig mit Mutter Maria gleichgestellt. Hier im Nordwesten liegen aber auch die ältesten Kolonialstädte des ehemaligen Vizekönigreichs Río de la Plata. Den Handelswegen der Inkas folgend, errichteten die Konquistadoren im 16. Jh. ihre Städte in dem Korridor zwischen der Hafenstadt Buenos Aires und dem fernen Lima. Das

Im Land der Pachamama: In dieser farbenprächtigen Landschaft ist die Kultur der Indianer noch präsent

Klima im Nordwesten mit heißen Temperaturen ist ideal für den Weinanbau. Sonnenschein und wenig Niederschläge lassen in Salta, Cafayate, San Juan und Mendoza Spitzenweine heranreifen.

CÓRDOBA

(145 E3) (*🕮 C6*) **Die 1573 gegründete Universitätsstadt liegt inmitten der dicht besiedelten Provinz gleichen Namens.** Parallel verlaufende Bergketten, die Sierras, und vier große Flüsse gliedern die Provinz. Hier vereinigen sich Pampa und Sierra, kakteenbestandene Steppe, reiche Wälder und fruchtbare Flusstäler. Die Region hat eine gute touristische Infrastruktur entwickelt. Im Sommer stellen sich die vielen Ortschaften auf argentinische Urlauber ein, die am *Mar Chiquita,* dem riesigen Salzsee im Nordosten der Provinz, baden wollen oder zum Fischen und Wandern herkommen. Einige Orte wie etwa Villa Carlos Paz, Cosquín und Villa María sind inzwischen zu reinen Tou-

Der Kathedralbau in Córdoba mischt Kolonialarchitektur mit indianischen Stilmerkmalen

ristenzentren geworden, in denen die alten Traditionen nur noch für die Besucher wachgehalten werden.

Die Hauptstadt (1,5 Mio. Ew.) selbst ist nicht nur eine historische Schönheit mit gut erhaltenen Gebäuden aus der Kolonialzeit, sondern auch als Kulturzentrum äußerst interessant. 170 000 Studenten sorgen für lebhaftes Treiben in der Innenstadt. Córdoba gilt als die heimliche zweite Hauptstadt des Landes.

SEHENSWERTES

KIRCHEN

Die *Basílica de Santo Domingo* mit einem alten Bildnis der Jungfrau des Rosenkranzes erhebt sich an der Kreuzung Deán Funes/Avenida Vélez Sarsfield. Die Außenmauer ist mit bemalten Kacheln geschmückt, die die Geschichte der Stadt erzählen. An der Plaza San Martín erhebt sich die 1782 geweihte *Kathedrale.* Die harmonische Verbindung von kolonialer Architektur und indianischen Stilelementen macht ihren besonderen Reiz aus. Im *Convento de Santa Teresa (Independencia 122)* sollten Sie Sie sich den schönen Innenhof und die exquisit restaurierte Kirche aus dem 16. Jh. anschauen. Zwei Blocks entfernt an der Ecke Caseros/Obispo Trejo steht die älteste Kirche der Stadt, die *Iglesia de la Compañía de Jesús.* Ihr Dach wurde aus Zedernholz der ehemaligen Reduktionen (christliche Indianersiedlungen unter Missionarsleitung) fertiggestellt, die Querstreben sind vergoldet.

MUSEO HISTÓRICO COLONIAL

An der Ecke Rosario de Santa Fe/Ituzaingó steht das einzige noch erhaltene Wohnhaus aus der Kolonialzeit, heute Museum mit Möbeln, Gemälden, Waffen und Dokumenten aus der Zeit der Vizekönige. *Di–So 9–20 Uhr | 15 Pesos*

ESSEN & TRINKEN

ANTARES

Pizza und Bier direkt aus der eigenen Brauerei. *San Lorenzo 79 | Tel. 0351 4 24 57 85* | €€

IT! ITALY

Die Restaurantkette überzeugt mit vernünftigen Preisen und schmackhaften Gerichten (Pizza und Pasta) und ist ein beliebter Treffpunkt für junge Leute. *Av. General Paz 120 | Tel. 0351 4 26 12 72; Av. Colón 628 | Tel. 0351 4 26 12 71 | www.ititaly.com.ar/* | €

REPÚBLICA

Erstklassige Fusionküche in feinem Ambiente. Die Fahrt an den Nordwestrand der Stadt lohnt sich für Feinschmecker und auch für Vegetarier. *Av. Recta Martinoli 5631 | Tel. 0351 5 60 86 52 | www.republicarestaurant.com* | €€€

SAN HONORATO

Mittelmeerküche in einer ehemaligen Bäckerei mit nettem Innenhof. Gutes Weinsortiment. *Pringles/25 de Mayo | Tel. 0351 4 53 52 52 | www.sanhonorato.com.ar* | €€

AM ABEND

Córdoba hat eine lebendige Theaterszene. Im *Teatro Real (San Jerónimo 66)* und im *Teatro del Libertador (Av. Vélez Sarsfield 365)* von 1891 werden Opern und Theaterstücke aufgeführt. Aber vor allem die unabhängingen Säle wie INSIDER TIPP *DocumentA/Escénicas (Lima 364)* und *La Cochera (Fructuoso Rivera 541)* bieten attraktive Theatererlebnisse. Auch das Angebot an Musikclubs und Pubs ist dank der zahlreichen Studentinnen und Studenten groß.

ÜBERNACHTEN

AZUR REAL

Boutiquehotel mit Avantgardedesign in einem Patrizierhaus, zentral und mit Restaurant, Swimmingpool und Sauna. Sehr gutes Preis-Leistungs-Verhältnis. Che Guevara studierte hier, als das Gebäude in den 1950er-Jahren zeitweise als Schule diente. *14 Zi. | San Jerónimo 243–257 | Tel. 0351 4 24 71 33 | www.azurrealhotel.com* | €€–€€€

SACHA MISTOL ART HOTEL

Jedes der neun Zimmer in dem fast 100-jährigen ehemaligen Gouverneurshaus unterscheidet sich im Design von den anderen. *Rivera Indarte 237 | Tel. 0351 4 24 26 46 | www.sachamistol.com* | €€–€€€

TURNING POINT HOSTEL

Gute Betten in insgesamt elf Schlafsälen und Doppelzimmern. Sauber und in idealer Lage zwischen Busbahnhof und Zentrum. *Entre Ríos 435 | Tel. 0351 4 22 12 64 | www.turningpointhostel.com* | €

MARCO POLO HIGHLIGHTS

★ **Andenüberquerung**
Ein unvergessliches Erlebnis: auf den Spuren des Generals San Martín auf dem Pferderücken über die Anden → S. 69

★ **Puente del Inca**
Natürliche Felsenbrücke über den sprudelnden Río Mendoza → S. 70

★ **Valle de la Luna/Reserva Provincial Ischigualasto**
Bizarre Felsformationen im Nationalpark → S. 70

★ **Tren a las Nubes**
Mit dem Zug durch die Hochanden → S. 75

★ **Quebrada de Humahuaca**
Indianerdörfer aus der Kolonialzeit → S. 77

Y 111
Moderne Einrichtungen in einem alten Haus am Beginn der Restaurant- und Museumsmeile. Mit Schwimmbad! *110 Zi. | Av. Hipólito Yrigoyen 111 | Tel. 0351 5714000 | www.y111hotel.com | €€–€€€*

AUSKUNFT

AGENCIA CÓRDOBA TURISMO
Im Cabildo (Rathaus) | Deán Funes/Independencia | Tel. 0351 4348260 | www.cordobaturismo.gov.ar

ZIELE IN DER UMGEBUNG

CERRO CHAMPAQUÍ
(145 D3–4) (*C6*)
Eine besondere Art, sich einen Überblick über die gesamte Region zu verschaffen, ist eine dreitägige Exkursion zu Pferd zum Gipfel des Cerro Champaquí (2884 m): *Alto Rumbo | Tel. 0351 2064061 | www.altorumbo.com.ar; Naturaleza y Aventura | Tel. 03546 486745 | www.naturalezacba.com.ar*

JESÚS MARÍA (145 E3) (*C6*)
Hier befindet sich eine alte *estancia* der Jesuitenpadres von 1618. Die Missionare bauten seinerzeit den ersten amerikanischen Wein an. Heute enthalten die komplett renovierten Gebäude das *Museo Jesuítico Nacional (Di–Fr 8–19, Sa/So 10–18 Uhr | Eintritt frei | Pedro de Oñate)* sowie wechselnde Ausstellungen zur Geschichte der Provinz. Weitere zwei – *Estancia de Caroya* und *Estancia Santa Catalina* – der insgesamt sechs INSIDER TIPP Jesuiten-*estancias* aus dem 17. Jh. in Córdoba befinden sich in naher Umgebung von Jesús María. Unweit steht die schlichte Kapelle von *Candonga*, in dessen unmittelbarer Nähe die *Posada Las Perdices (Tel. 0351 5892999 | www.posadalasperdices.com.ar | €€–€€€)* zu einem idyllischen Aufenthalt in den Bergen einlädt. In den vier Steinhäusern auf den Hügeln kann allenfalls ein neugieriger Widder zu Besuch aufkreuzen. Für musikalische Gäste steht ein Flügel zu Verfügung und beim Aufbruch der Herde in die Bergweiden des großen Guts ertönt die Glocke des Leitschafs.

VILLA GENERAL BELGRANO
(145 E3) (*E6*)
In dem kleinen Städtchen 90 km südlich von Córdoba im bayerischen Hüttenstil hat sich ab 1930 eine deutschstämmige Kolonie angesiedelt. Inzwischen hat sich der von dichten Wäldern umschlossene Ort 80 km südwestlich von Córdoba zu einem beliebten Ferienziel mit zahlreichen Übernachtungsmöglichkeiten in Chalets und Hotels entwickelt. Im Oktober wird das Bierfest gefeiert und zu Ostern das Fest der Wiener Torten. In einer Seitenstraße am Südeingang des Orts bereitet die Greifswälderin Marlene Steige in ihrem nur wenige Tische zählenden INSIDER TIPP *Restaurant Marlene (Tronador 928 | Tel. 03546 464636 | €€–€€€)* Gerichte aus lokalen Zutaten zu.
Rund 20 km nordwestlich von Villa General Belgrano befindet sich die viel ruhigere Ortschaft *Villa Berna.* Etwas außerhalb liegt das Hotel *La Domanda (12 Zi. | Tel. 03546 15456282 | www.ladomanda.com.ar | €€)* mit Restaurant und Teehaus und ausgezeichneter Sicht auf eine weite Berg-und-Tal-Landschaft.

MENDOZA

(144 B4) (*B7*) **Die Provinzhauptstadt liegt im Zentrum des riesigen Weinanbaugebiets in den Anden.**
Nachdem ein Erdbeben 1861 die 1561 gegründete Stadt vollständig zerstört hatte, entstand ein neues Mendoza mit weiten

Avenidas, erdbebensicheren, einstöckigen Bauten und vielen gepflegten Grünanlagen. Die Stadt (1,2 Mio. Ew.) ist Ausgangspunkt für Exkursionen in die nahen Kordillerentäler und Thermalbäder. Bergsteiger kommen vor allem wegen des Aconcaguas nach Mendoza.

Rebenfelder bei Mendoza: 71 Prozent der argentinischen Weine kommen aus der Andenprovinz

Auf 3000 km^2 Gesamtfläche haben die Mendocinos der Wüste mit Bewässerungskanälen eine Oase abgerungen. In Gran Mendoza, Valle de Uco, San Rafael und General Alvear reift nicht nur Wein in der Sonne; hier blühen auch Pfirsich- und Birnbäume. Mendoza ist indes nicht nur das Zentrum des argentinischen Weinanbaus. Durch die Stadt führen auch alle Wege über den Andenpass nach Chile.

SEHENSWERTES

MUSEO CARLOS ALONSO

Das Museum stellt zeitgenössische Kunst in schönem Kontrast zur 100-jährigen Architektur eines restaurierten Patrizierhauses aus. *Di–Fr 9–21, Sa/So 10–21 Uhr | Eintritt frei | Emilio Civit 348*

MUSEO ENOTECA GIOL

Das Weinmuseum in der 16 km südlich von Mendoza gelegenen Vorstadt Maipú ist der größten Winzerei Mendozas angeschlossen. *Mo–Sa 9–18, So 10–13 Uhr | 80 Pesos, mit Weinprobe 150 Pesos | Carril Ozamis 914*

ESSEN & TRINKEN

LA MARCHIGIANA

Eine der besten italienischen Küchen in Mendoza. *Patricias Argentinas 1550 | Tel. 0261 4 23 07 51 | www.marchigiana.com.ar | €€*

1884

Die Küche von Francis Mallmann im Restaurant der Kellerei Escorihuela Gascón in der Nachbarstadt Godoy Cruz loben viele als die beste in Argentinien. *Belgra-*

An der Grenze zu Chile erhebt sich der höchste Berg Amerikas, der Aconcagua

no 1188 | Tel. 0261 4242698 | www.1884restaurante.com.ar | €€€

FREIZEIT & SPORT

ACONCAGUA

Der Traum aller Bergsteiger ist die Besteigung des 6962 m hohen Aconcaguas rund 200 km westlich von Mendoza. Der Gipfel befindet sich in einem Naturpark, zur Besteigung oder zum Trekking an seinen Flanken muss man sich eine gebührenpflichtige Genehmigung besorgen *(www.aconcagua.mendoza.gov.ar).* Für den Aufstieg, der nur von Mitte November bis Ende Februar möglich ist, benötigt man eine gute körperliche Verfassung, genug Zeit (wenigstens zehn Tage) und einen zuverlässigen Bergführer. Von Puente del Inca aus geht es mit dem Maultier zur Plaza de Mulas (4260 m). Steile Pfade führen zur Basishütte. Hier sollte man sich einige Tage lang zunächst an die Höhe gewöhnen.

Verlässliche Informationen zum Bergwandern bekommen Sie in Guaymallén beim *Club Andinista (Fray Luis Beltrán 357 | Tel. 0261 4319870 | www.clubandinistamendoza.com). Mallku Expediciones (Perú 1499 | Tel. 0261 4204811 | www.mallkuexpediciones.com.ar)* organisiert sowohl die Besteigung des Aconcaguas als auch Führungen zu Fuß oder zu Pferd durch die Berge.

ANDENÜBERQUERUNG

Von Jujuy im Norden bis Feuerland im Süden gibt es ein Dutzend gut befahrbare Grenzübergänge nach Chile. Der meistbefahrene ist die Ruta 7 von Mendoza nach Santiago de Chile über den *Cristo Redentor* (3870 m), ein monumentales Friedensdenkmal auf der Grenze. Weiter südlich ist die Ruta 231 beliebt, die ebenfalls vollständig auf Asphalt von San Carlos de Bariloche über den Grenzpass Cardenal Samoré nach Osorno führt. Im Winter sind die Straßen öfters wegen

Schnee geschlossen. In Chile gilt ein striktes Verbot für die Einfuhr frischer Lebensmittel! Um mit dem Mietwagen nach Chile einreisen zu dürfen, benötigen Sie eine Genehmigung, die vom Vermieter gegen Gebühr ausgestellt wird (72 Stunden Voranmeldung erforderlich!).

Sie möchten die ★ ● Anden lieber mit dem Pferd überqueren wie einst General José de San Martín? Auch das ist möglich: Raúl Labat führt im südlichen Sommer in die Berge. Für die Tour *(1800 Dollar pro Person)* sind weder große Reit- noch Bergsteigerqualifikationen erforderlich. Ausgangspunkt ist die *Estancia El Puesto (7 km westl. von Los Árboles | Ruta Provincial 89 20 km südwestl. von Tupungato | Tel. 0261 15 5 56 38 26 | www.estanciaelpuesto.com.ar)* auf 1500 m Höhe. Von dort aus geht es sechs Tage lang über Bergpässe auf 4500 m und mit einem Abstecher zum höchsten Gletscher Amerikas, dem *Mesón San Juan,* bis an die chilenische Grenze, den Vulkan *Tupungato* (6235 m) und die *Cordillera Piuquenes* entlang.

ÜBERNACHTEN

In Mendoza finden häufig Kongresse statt, sodass es sich empfiehlt, im Voraus zu reservieren.

HOSTEL LAO

Nettes und sauberes Hostel mit Garten und Pool nur knapp 1 km vom Stadtzentrum. *9 Zi. | Rioja 771 | Tel. 0261 4 38 04 54 | €*

PARK HYATT

Luxushotel mit 86 Zimmern in historischem Hotelgebäude. Von der breiten Barterrasse geht der Blick auf den Hauptplatz, die Plaza Independencia. *Chile 1124 | Tel. 0261 4 41 12 34 | www.mendoza.park.hyatt.com | €€€*

VILLAGGIO

Attraktives Boutiquehotel im Zentrum mit Zimmern in modernem Design. Sauna und Spa. Für seinen Standard preiswert. *26 Zi. | 25 de Mayo 1010 | Tel. 0261 5 24 52 00 | www.hotelvillaggio.com.ar | €€–€€€*

AUSKUNFT

DIRECCIÓN PROVINCIAL DE TURISMO

San Martín 1143 | Tel. 0261 4 13 21 00 | www.mendoza.tur.ar

LOW BUDG€T

Erst seit 2018 fliegen Low-Cost-Airlines in Argentinien. Mit *Flybondi (www.flybondi.com)* oder *Andes (www.andesonline.com)* kostet der Flug von Buenos Aires nach Tucumán rund 50 Euro, mit Aerolíneas Argentinas ab 90 Euro. Am billigsten – rund 30 Euro in der 2. Klasse, um 100 Euro im Schlafwagen – ist aber immer noch der Zug *(www.sofse.gob.ar).* Die Fahrt dauert planmäßig 25 Stunden, in der Praxis aber meist mehr.

Im kleinen Dorf Iruya abseits von der Touristenstraße der Quebrada de Humahuaca finden Sie im *Hostal Milmahuasi (150 m von der Kirche | Tel. 0387 154 45 79 94 | www.milmahuasi.com)* für knapp 15 Euro gute Unterkunft im Fünfbettzimmer inklusive Frühstück. Noch billiger ist es im *Hospedaje Asunta (von der Kirche 200 m bergauf | Tel. 0387 15 4 04 51 13 | hospedajeasuntadeiruya.blogspot.com),* wo im Vierbettzimmer 6 Euro zu zahlen sind, allerdings ohne Frühstück.

ZIELE IN DER UMGEBUNG

PUENTE DEL INCA ★ (144 A4) (*B7*)

Rund 190 km westlich von Mendoza auf der Route nach Chile gelangt man zum sagenhaften Puente del Inca. Der natürliche Felsbogen spannt sich auf 2700 m Höhe 27 m über den schmalen, sprudelnden Río Mendoza. Einst wurde die Brücke von Inkas auf ihrem Weg nach Cuzco genutzt. Kurz hinter der Brücke beginnt der Aufstieg zum *Lago Horcones.* Vom See aus bietet sich ein atemraubender Blick auf die verschneiten Gipfel der Anden. Heute ist Puente del Inca Ausgangspunkt für Trekkingtouren. Es gibt einige wenige Hotels und Restaurants.

USPALLATA (144 A–B4) (*B7*)

Der Weg in das gut 120 km von Mendoza entfernte Städtchen in den Voranden führt zunächst nach *Cacheuta.* Hier warten heiße Quellen, ein Moorbad und das traditionelle *Hotel Termas de Cacheuta (16 Zi. | Ruta Provincial 82 km 38 | Tel. 02624 490152 | www.termascacheuta.com | €€)* in 1200 m Höhe auf Besucher. Uspallata (9700 Ew.) selbst ist das attraktive Zentrum eines lang gestreckten Tals zwischen der hohen Andenkette und der Vorkordillere. Ein angenehmes Mikroklima bietet der Ort, der bereits im 19. Jh. während der Befreiungskriege letzte Station vor der Andenüberquerung war. Verlässt man Uspallata Richtung Westen, führt der Weg zunächst durch ein Labyrinth von roten, gelben, grünen und schwarzen Felswänden. Beim Skigebiet *Los Penitentes* erinnern Felsen an Mönchsgestalten.

VALLE DE LA LUNA/RESERVA PROVINCIAL ISCHIGUALASTO ★ (144 B2) (*B6*)

500 km nördlich von Mendoza (über San Juan) bildet das Tal von Ischigualasto zusammen mit dem Tal von Talampaya eine etwa 6000 km^2 umfassende Erosionslandschaft. Zahlreiche Science-Fiction-Filme sind in dieser unglaublichen Felsenwelt gedreht worden. Wind und Wasser haben dem Gestein natürliche Skulpturen abgerungen. Zwischen Staub und Felsen findet man immer wieder versteinerte Farne und Gräser, die davon zeugen, dass hier vor Urzeiten ein anderes Klima geherrscht hat.

Der nach einem Indianerhäuptling benannte *Naturpark Ischigualasto (300 Pesos | www.ischigualasto.gob.ar)* umfasst 620 km^2, von denen aber nur 150 km^2 zugänglich sind. Es empfiehlt sich zunächst, das Museum am Eingang zu besuchen, in dem die Gesteinslandschaft in Klein nachgebaut ist. Parkwächter begleiten die Besucher auf der 40 km langen Rundfahrt, die in eine 200 Mio. Jahre zurückliegende Dinosaurierwelt versetzt. Im *Parque Talampaya (250 Pesos, Touren mit Geländewagen ca. 700 Pesos pro Person, Fahrradtour oder zu Fuß 450–750 Pesos)* hingegen, 70 km nordöstlich von Ischigualasto in der Provinz La Rioja, führt ein Parkwächter Reisende durch eine Schlucht mit faszinierenden Gesteinsformationen und Felsmalereien, deren Ursprung noch nicht geklärt ist: *Tel. 03825 470356 | www.parquesnacionales.gob.ar; Tel. 0380 15 4447380 | www.talampayaexcursiones.com; Tel. 03825 470368 | www.runacay.com; Tel. 0351 5709909 | www.talampaya.com).*

Übernachten können Sie z. B. entweder 80 km südöstlich auf der RP 610 vor der Einfahrt zum Naturpark in den sechs Zimmern des nett geführten und umweltfreundlich ausgerichteten *Hotel Rústico Cerro del Valle (Santa Fe zwischen Mendoza und Entre Ríos | Tel. 02646 420202 | www.cerrodelvalle.com.ar | €€–€€€)* in San Agustín del Valle Fértil oder nördlich von den Naturparks in Villa

Unión. Dort bietet das Landhotel *Pircas Negras (47 Zi. | RN 76 vor der Südeinfahrt von Villa Unión | Tel. 03825 47 06 11 | www.hotelpircasnegras.com | €€)* in einem der Landschaft angepassten Bau mit Pool und eigenem Gemüsegarten schöne Aussichten auf die schneebedeckten Famatinagipfel. Von San Juan aus werden aber auch organisierte Bustouren zu den Stätten der Vorgeschichte angeboten.

Museum im Nationalpark Ischigualasto: zu Besuch bei den Dinosauriern

WEINKELLER (144 B4–6) (*B7*)

Eine halbe Stunde östlich von Mendoza empfängt das Weingut (mit Restaurant) INSIDER TIPP *Familia Zuccardi (Ruta Provincial 33 7,5 km nordwärts von der Ruta Nacional 7 | Tel. 0261 4 41 00 00 | www.casadelvisitante.com)* Besucher, die an der Weinlese teilnehmen, im Fahrrad das Gut durchkreuzen, im Ballonflug darüberfliegen, kochen und natürlich die Weine probieren können. Die INSIDER TIPP *Bodegas Salentein (RP 89 km 14 | bei Los Árboles/Valle de Uco westl. von Tunuyán | Tel. 02622 42 95 00 | www.bodegasalentein.com)* bieten neben Kunstausstellungen, einem Weinmuseum und einem Restaurant auch Unterkunft mit Vollpension in den 16 Zimmern der *Posada Salentein* (€€€). Ausführliche Info über Weinkeller auf *caminosdelvino.com.*

SALTA

(141 D3) (*C4*) **Salta bedeutet in der Indianersprache Aymará „die Schöne". Auf 1200 m Höhe im fruchtbaren Tal gebaut, das zur Zeit der Eroberung der Haupthandelsweg zwischen der Hafenstadt Buenos Aires und dem damaligen Wirtschaftszentrum Lima war, erlebte die Schöne einen raschen Aufschwung.**

Luxuriöse Herrschaftshäuser im Zentrum erinnern daran. Der frühere Reichtum spiegelt sich auch in zahlreichen Brunnen und Monumenten. Das Herz der Stadt (550 000 Ew.) bildet die palmenbestandene Plaza 9 de Julio mit Arkadengängen, zahlreichen Cafés und Restaurants. An der Plaza steht die dreischiffige *Kathedrale* mit viel Pomp im Innern.

An Saltas zentraler Plaza 9 de Julio erhebt sich die Kathedrale der Stadt

SEHENSWERTES

IGLESIA SAN FRANCISCO

Einen Häuserblock von der Plaza 9 de Julio steht die barocke Franziskuskirche. Mit ihrem auffälligen Anstrich in Dunkelrot, viel Gold und vor allem den aus Stein gehauenen Vorhängen über dem Hauptteingang wirkt sie wie eine italienische Operndekoration. Sie stammt aus dem Jahr 1796, der Glockenturm wurde erst später errichtet. *Córdoba/Caseros*

MUSEO DE ARQUEOLOGÍA DE ALTA MONTAÑA (MAAM) ●

Das eindrucksvoll eingerichtete Museum stellt abwechselnd die drei inkaischen Kindermumien aus, die in 6717 m Höhe am Gipfel des Vulkans Llullaillaco gefunden wurden. *Di–So 11–19.30 Uhr | 130 Pesos | Mitre 77 | www.maam.gob.ar*

MUSEO HISTÓRICO DEL NORTE

Das Museum ist im schlichten, weiß getünchten Rathaus von 1626 untergebracht, das schöne Innenhöfe mit Arkadengängen besitzt. Neben peruanischen Ikonen werden auch technische Geräte ausgestellt: Eine alte Traubenpresse aus Leder und Holz sowie die Druckerpresse der Jesuitenpadres gehören dazu. *Mo–Fr 9.30–19.30, Sa 14.30–18.30, So 9.30–13.30 Uhr | Eintritt frei | Caseros 549 | museodelnorte.cultura.gob.ar*

ESSEN & TRINKEN

CHIRIMOYA

Erstklassige vegetarische und vegane Küche mit regionalen Zutaten von der Auberginenlasagne bis zum Quinoasteak. *España 211 | Tel. 0387 4 31 28 57 |* €€

INSIDER TIPP MA CUISINE

Wer etwas Abwechslung zu *empanadas* und regionaler Küche sucht, findet hier schmackhafte Alternativen. Inhaber und Koch Roberto spricht auch Deutsch. *España 83 | Tel. 0387 4 21 43 78 | macuisineresto.turesto.com.ar |* €€

MADERO RESTÓ
Regionale Küche beim Hauptplatz, mit Tischen im Freien. *Bartolomé Mitre 81 | Tel. 0387 4 31 09 22* | €

PORTEZUELO
Restaurant im gleichnamigen Hotel auf dem Hang vom Berg San Bernardo mit Blick auf die Stadt. Internationale und regionale Küche. *Av. del Turista 1 | Tel. 0387 4 31 01 04* | €€

CAFÉ TOBÍAS
Direkt an der Plaza 9 de Julio die besten *empanadas*, besonders zu empfehlen: *empanadas de carne cortada a cuchillo* mit frisch mit dem Messer gehackten Fleisch. *Caseros 662 | Tel. 0387 4 21 69 02* | €

LA VIEJA ESTACIÓN
Das oft voll besetzte Lokal hat sich zu einem Treffpunkt für Folklore und regionale Küche entwickelt. Die Speisekarte bietet die klassischen Gerichte der *salteños* wie *empanadas* und *locro*. *Balcarce 875 | Tel. 0387 4 21 77 27 | www.laviejaestacion.com.ar* | €€

EINKAUFEN

Rund 400 Kunsthandwerker regionaler und indianischer Tradition stellen sonntags ihre Waren im *Markt (10–21 Uhr | Balcarce 400–900)* auf der Straße aus, wo abends lokale Musik und Kochkunst den Ton angeben. Die Werkstatt des berühmten *Silberschmieds* Horacio Bertero liegt in der *Los Parrales 1002*. Der tägliche *Mercado Artesanal (9–21 Uhr | Av. San Martín 2555)* bietet auch Kunsthandwerk.

ÜBERNACHTEN

LEGADO MÍTICO
Boutiquehotel mit elf großzügig angelegten, eleganten Zimmern mit regionalem Touch. Bibliothek und zuvorkommendes Personal. *Bartolomé Mitre 647 | Tel. 0387 4 22 87 86 | www.legadomitico.com* | €€€

HOSTAL PRISAMATA
Hostel in einem Kolonialhaus mit Patio in der Nähe der Funmeile der Straße Balcarce. *7 Zi. | Bartolomé Mitre 833 | Tel. 0387 4 31 39 00 | www.hostalprisamata.com* | €

SELVA MONTANA
Das Hotel liegt 10 km nordwestlich in San Lorenzo am Berghang in unmittelbarem Kontakt zur Natur. Der deutschsprachige Manager, ein Kenner der lokalen Wälder, organisiert Trekking- und Relttouren. *29 Zi. | Alfonsina Storni 2315 | Tel. 0387 4 92 11 84 | www.hostal-selvamontana.com.ar* | €€

AUSKUNFT

MINISTERIO DE TURISMO
Buenos Aires 93 | Tel. 0387 4 31 09 50 | www.turismosalta.gov.ar

ZIELE IN DER UMGEBUNG

INSIDER TIPP CACHI UND VALLES CALCHAQUÍES (140 C3) (*C4*)
Eine Fahrt nach Cachi 150 km südwestlich von Salta durch die fruchtbaren Valles Calchaquíes, die heiligen Täler, wie sie die Indianer nennen, führt durch eine bizarre Bergwelt mit malerischen Indianerdörfern, in denen Chilischoten angebaut und Ziegen gezüchtet werden. Bunte Erzgebirge, sattes Grün in den Tälern und knallrote Chilischoten, die an den Hängen zum Trocknen ausgelegt werden, beleben die stille Bergwelt. Zu den Höhepunkten der Reise gehört ein Besuch im INSIDER TIPP *Parque Nacional Los Cardones (www.parquesnacionales.gob.ar)*. Der Nationalpark beherbergt riesige Kandelaberkakteen. Diese *cardones* blü-

hen erst im Alter von 40 Jahren und sind bei den Indianern wegen ihrer süßen Früchte und des widerstandsfähigen Holzes beliebt.

Westwärts führt die Ruta Provincial 33 nach Payogasta und Cachi über die *Recta Tin Tin,* eine 19 km lange, absolut gerade Strecke, die alte Inkastraße nach Cuzco. Ein Weingut auf 2450 m bietet Unterkunft mit Blick auf das Gebirge: *Sala de Payogasta (12 Zi. | RN 40 km 4509 | Tel. 0387 15 4 52 70 61 | www.saladepayogasta.com | €€).*

Am Zusammenfluss des Río Calchaquí mit dem Río Cachi, am Fuß des Nevado de Cachi (6380 m), liegt das alte Städtchen *Cachi,* wo schon vor der spanischen Eroberung die Chicuanaindianer lebten. Ihre Nachfahren nahmen den katholischen Glauben an. Die Decke der kleinen Kolonialkirche *San José* ist vollständig mit Kaktusholz ausgekleidet. Nach Cachi fahren täglich Busse von Salta aus. Wer übernachten möchte, findet 33 Zimmer in der *Hostería Cachi ACA (RN 40 km 1237 | Tel. 03868 49 19 04 | www.hosteriacachi.com.ar | €€),* in der auch ein gutes Restaurant untergebracht ist.

So viel Zeit muss sein: ein Schwätzchen beim Einkauf in Cachi

Südlich von Cachi führt die Ruta Nacional 40 kurz nach Seclantás über den einzigen Abzweig nach Westen ins kleine Dorf *Molinos,* wo Sie den biodynamischen Weinanbau und das ausgezeichnete Restaurant der INSIDER TIPP *Bodega Colomé (Ruta Provincial 53 km 20 | Tel. 03868 49 42 00 | www.bodegacolome.com | €€€)* besuchen können. Die INSIDER TIPP Installationen des Light-and-Space-Künstlers James Turrell im Museum des Weinguts bieten ein unerwartetes Erlebnis, bei dem u. a. der abendliche Andenhimmel mit diffusen Lichtern verschmilzt *(Di–So 15 und 17 Uhr, Anmeldung unerlässlich).*

Rund 50 Bauernhöfe in zwölf Ortschaften der Valles Calchaquíes bieten mit der Unterkunft die Möglichkeit, aktiv am Landleben teilzunehmen: *San Martín Medidor 560 | San Carlos | Tel. 03868 15 45 5127 | www.turismocampesino.org | €*

PARQUE NACIONAL EL REY

(141 D3) *(C4)*

Gut 200 km östlich von Salta (Autobahn RN 9 bis Lumbreras, dann RP 5/RP 20 zur Südeinfahrt des Parks) liegt dieser Nationalpark mit einem weiten Gebiet nahezu unberührten Urwalds. Sieben teilweise auch befahrbare Wanderwege führen durch trockene Chaco- und durch Nebelwälder, in denen Pumas, Wildschweine und Rehe, Füchse, Tapire, Kondore und zahlreiche weitere Vogelarten leben. Es gibt Zeltplätze im Park. Obwohl rund ein Drittel der Fläche der Provinz unter Naturschutz steht, wird allerorts im subtropischen Regenwald gerodet.

Der „Wolkenzug" Tren de las Nubes fährt in den Andenhimmel

TREN A LAS NUBES UND ANTOFAGASTA DE LA SIERRA ★

Der „Zug zu den Wolken" fährt von der letzten größeren Ortschaft vor der chilenischen Grenze, San Antonio de los Cobres *((140 C2–3) (C4) | Di, Do, Sa | hin und zurück 13 Std., Bahnfahrt 3 Std. | Bus und Bahn ca. 100 Euro, nur Bahn ca. 60 Euro | www.trenalasnubes.com.ar)*, 22 km bis zum Viaducto La Polvorilla auf 4200 m Höhe und zurück. Die 160 km von Salta bis San Antonio de los Cobres werden wegen des schlechten Wartungszustands der Gleise nicht mehr mit dem Zug, sondern ab Bahnhof Salta mit dem Bus über die teilweise parallel zu den Bahnschienen führende Nationalstraße 51 zurückgelegt (man kann aber bei Eigenanreise nach San Antonio auch nur das Zugticket lösen). Dabei überwindet man einen Höhenunterschied von gut 3000 m. Aus der fruchtbaren, blühenden Umgebung von Salta gelangen Sie in zunehmend engere Täler mit steilen Felswänden und baumhohen Kandelaberkakteen. Am Rand der Gleise sieht man kleine steinerne Pyramiden; diese *pachetas* sind Geschenke der Ureinwohner an ihre Erdmutter Pachamama. Niemand weiß, wie alt diese Steinhaufen sind, die nicht abgetragen werden dürfen.

Wenn Sie die Tour mit dem Auto unternehmen, können Sie mit dem Geländewagen weiter südwärts bis nach *Antofagasta de la Sierra* (140 B4) (*B5*) fahren. Der kleine Ort (nur 730 Ew.) auf 3400 m Höhe ist umgeben von einer INSIDER TIPP unglaublichen Vulkanlandschaft, in der Sie Salzlagunen, wilde Vikunjaherden, verlassene Goldminen, offen liegende Quarzkristalle und Wandmalereien der Indianer finden, zu denen *Zoltan Czekus* vom *Museo Mineralógico (San Martín 436 | Tel. 03833 15 24 04 27)* über fast geheime Wege führt.

SAN SALVADOR DE JUJUY

(141 D2–3) (*C4*) **Die 320 000-Ew.-Stadt am Zusammenfluss des Río Grande und des Río Xibi Xibi, die schlicht Jujuy genannt wird, ist Regierungssitz der nördlichsten Provinz Argentiniens.**

Das Gesicht der Stadt ist ärmlich und noch stark indianisch geprägt. Ein großer Teil der Bevölkerung sind Mestizen; außerdem leben noch etwa 40 000 Coyaindianer in der Region. Wichtige Wirtschaftsfaktoren sind der Tabak- und Zuckerrohranbau sowie der Erzabbau in den Blei-, Eisen- und Silberbergwerken und die Lithiumgewinnung in Salinen, obwohl vor allem der Tagebau auf wachsenden Widerstand bei der lokalen Bevölkerung und Ökogruppen stößt. Hier leuchten die Berge in kräftigem Blau, Rot und Gelb. In den wilden Schluchten breiten sich Kakteenwüsten aus, an den Hängen pfeift der Wind um alte Inkafestungen.

Nur noch wenige erhaltene Kolonialbauten findet man im Stadtzentrum. Die *Kapelle der hl. Barbara (Lamadrid/San Martín)* aus dem 18. Jh. und das *Provinzmuseum (Mo–Fr 9–20, Sa/So 9–13 und 16–20 Uhr | 20 Pesos | Lavalle 256)* gehören dazu. Die *Kathedrale* aus dem 18. Jh. an der Plaza Belgrano birgt eine aus Hartholz geschnitzte Kanzel. Diese Arbeit der Guaraníindianer gilt als schönstes Werk des argentinischen Barocks. Wahrscheinlich aus derselben Werkstatt kommt auch die Kanzel der Kirche *San Francisco.* Im anliegenden *Museo Histórico Franciscano (Mo–Sa 9–13 und 17–21 Uhr | 10 Pesos | Lavalle 325)* werden Kunstwerke und Möbel der Franziskaner ausgestellt. Unweit vom Stadtzentrum liegt die *Hostería Munay (21 Zi. | Alvear 1230 | Tel. 0388 4 22 84 35 | www.munayhotel.com.ar | €).* Das *Alto del Molle (C/ El Picaflor 477 | Barrio Los Perales | Tel. 0388 4 26 04 38 | www.altodelmolle.com.ar | €€)* bietet drei Zimmer in rustikaler Eleganz rund 2 km vom Zentrum. In der Innenstadt liegt das *Hotel Gregorio I (20 Zi. | Independencia 829 | Tel. 0388 4 24 47 47 | www.gregoriohotel.com | €€)* mit regionalem Touch. Das bescheidene B & B *Hostal Casa de Barro (Otero 294 | Tel. 0388 4 22 95 78 | www.casadebarro.com.ar | €)* befindet sich ebenfalls in zentraler Lage nur 100 m von der Hauptplaza. Auskunft: *Secretaría de Turismo |*

Früchte und Gemüse aus dem heißen Nordwesten: Markt in San Salvador de Jujuy

Gorriti 295 | Tel. 0388 4 22 13 25 | www.turismo.jujuy.gov.ar

ZIEL IN DER UMGEBUNG

QUEBRADA DE HUMAHUACA ★

(140–141 C–D2) (🗺 C4)

Am Eingang des Flusstals, in der beeindruckenden Schlucht Quebrada de Humahuaca, beginnt das Reich Pachamamas. Eine Kette kleiner Indianerdörfer und die Reste inkaischer Festungen lassen erahnen, wie das Leben der Indianer in den Kolonialstädten einst ausgesehen haben mag. Die Ruta Nacional 9, die sich durch das langsam ansteigende Tal schlängelt, war im 17. Jh. die Hauptverkehrsader zu den reichen Minen Potosís und noch früher der Königsweg der Inkas. *Tumbaya,* das erste der Indianerdörfer, zählt 150 Ew., die auf 2100 m Höhe von der Weidewirtschaft leben. Am 15. September feiern sie in ihrer freskenverzierten, kleinen Kirche den Tag ihrer Schutzpatronin *Virgen de los Dolores* mit einer farbenfrohen Prozession. Hinter Tumbaya beginnt zwischen den roten Felsen die Kakteenwüste.

Im Dorf *Purmamarca* bietet eine Übernachtung im Hotel INSIDER TIPP *El Manantial del Silencio (19 Zi. | RN 52 km 3,5 | Tel. 0388 4 90 80 80 | www.hotelmanantialdelsilencio.com | €€€)* die Gelegenheit, die stille Größe der Berglandschaft zu genießen. Am Fuß der bunt gestreiften Felswände des Cerro de los Siete Colores ducken sich die kleinen Häuser aus Lehm und Kaktusholz. Die schlichte Kirche von 1648 wird von einem noch älteren Johannisbrotbaum überschattet. Hier findet nachmittags ein bunter Indianermarkt statt. Es gibt gemahlene Gewürze, besonders scharfe Chilischoten und auch Kokablätter zu kaufen. Daneben werden Pullover, Ponchos, Decken und schöne Keramikarbeiten angeboten.

Wenige Kilometer weiter gelangt man nach *Tilcara* (14 000 Ew.) auf 2460 m Höhe mit den Resten der alten Inkafestung *El Pucará de Tilcara,* deren Grundmauern sich über einen Bergrücken im Süden des Orts ziehen. Dem Wind ausgesetzt, überblickt man von der Pucará aus das gesamte Tal. Einige Behausungen sind originalgetreu mit Kaktusholz und Quadersteinen wieder aufgebaut worden. Zwischen Tilcara und dem nächsten Dorf *Huacalera* verläuft der Wendekreis des Steinbocks. In *Uquía* befindet sich in der kleinen Kirche von 1691 der älteste Altaraufsatz der Region. Am 3. Mai *(Día de la Cruz)* wird hier der Schutzpatron, San Francisco de Padua, pompös gefeiert.

Inzwischen ist die Straße auf 2939 m angestiegen und erreicht den aus dem 16. Jh. stammenden Ort *Humahuaca.* 18 000 Menschen leben hier. Die schmalen Gassen und traditionell schlichten Häuser aus Adobe und Kaktusholz werden von einem kolossalen Denkmal zur Unabhängigkeit überragt. Zwischen den verwinkelten Häuserzeilen liegt Kopfsteinpflaster. Im *Museo Torres Aparicio (Do–Sa 11–13 Uhr | 50 Pesos | Córdoba 249)* findet man eine reiche archälologische Sammlung der Indianerkulturen, die die Region bevölkerten, bevor die Spanier hier einen bedeutenden Handelsstützpunkt ausbauten. Auf dem Indianermarkt werden wertvolle Wandteppiche und Masken aus Kaktusholz angeboten.

Durch die Quebrada de Humahuaca kommt man am besten mit dem Mietwagen. Verschiedene Buslinien verbinden jedoch auch alle Ortschaften untereinander und von San Salvador de Jujuy aus. Und bei schwierigen Wegstrecken, wie der Zufahrt zum Bergdorf *Iruya* auf der RP 13, die 25 km nördlich von Humahuaca ostwärts abzweigt, bevorzugen es viele Fahrer, sich der Erfahrung des Busfahrers anzuvertrauen.

DAS ZWEISTROMLAND

Das Zweistromland übt durch die träge Schönheit der beiden Ströme und seine tropische Atmosphäre einen besonderen Reiz aus. Die Luft ist schwül und angefüllt mit dem Aroma unzähliger Blüten. Die Stadt Corrientes hat sich vor allem wegen ihres farbenfrohen Karnevals und ihrer hübschen Flusspromenade einen Namen gemacht.

Zwischen diesen beiden gewaltigen Strömen liegen die Provinzen Entre Ríos, Corrientes und Misiones. Noch bis vor wenigen Jahrzehnten bildeten sie eine isolierte Halbinsel, die nur zu Brasilien einen Grenzübertritt auf dem Landweg erlaubte. Heute ist das Gebiet über gewaltige Brücken und einen Unterwassertunnel von Santa Fe nach Paraná ans restliche Staatsgebiet Argentiniens angeschlossen. Die wichtigsten Orte der drei Provinzen sind durch ein dichtes Omnibusnetz miteinander verbunden. Die Hauptstädte und Puerto Iguazú werden außerdem täglich von den Fluglinien Aerolíneas Argentinas, Lan und Austral angeflogen.

Das argentinische Mesopotamien wird durch die Flüsse Paraná und Uruguay begrenzt, die über weite Strecken hinweg auch die Landesgrenzen zu Uruguay, Brasilien und Paraguay bilden.

Landwirtschaftlich sind diese Provinzen von großer Bedeutung. In Entre Ríos werden vorwiegend Soja, Flachs, Zitrusfrüchte und Sonnenblumen angebaut, während sich das morastige Corrientes eher für den Anbau von Reis eignet, aber auch riesige Tabakpflanzungen zu bieten hat.

Bild: Wasserfälle von Iguazú

Flusspromenaden, Matetee und tropisches Flair im Nordosten – und an der Grenze zu Brasilien die enormen Wasserfälle von Iguazú

Zu den wirtschaftlichen Stützpfeilern von Misiones gehören der Anbau von Yerba Mate und der Holzeinschlag. Der Reichtum an Edelhölzern hat zu einem Raubbau geführt, der das Überleben der Urwaldriesen bedroht. Der Schutz des subtropischen Regenwalds wurde in Misiones in den letzten Jahren gestärkt: 1,4 Mio. der insgesamt 3 Mio. Hektar Fläche der Provinz stehen unter Schutz.

Auch die Wildtiere dieser einzigen tropischen Region Argentiniens sind vom Aussterben bedroht: Puma, Ozelot, Wildkatze und Jaguar werden trotz strikten Jagdverbots wegen ihrer wertvollen Felle gnadenlos verfolgt. Ähnlich bedenklich steht es um zahlreiche Papageienarten, die trotz Ausfuhrverbot ihre Käufer in Europa und Nordamerika finden.

Trotzdem ist eine Reise nach Misiones ein unvergleichliches Erlebnis. Die Provinz besitzt mit den Wasserfällen von Iguazú eines der großartigsten Naturspektakel Lateinamerikas. Im Grenzgebiet zu Brasilien und Paraguay stürzen sich insgesamt 275 Wasserfälle 70 m in die Tiefe. Gleichzeitig ist die Provinz mit den Ruinen ehemaliger Missionsstädte aus dem 17. Jh. übersät, die zum Teil noch so gut erhalten sind, dass man eine lebhafte Vorstellung davon erhält, wie die Guaraníindianer in ihnen gelebt und gearbeitet haben.

Die Guaraníindianer leben im Dschungel von Misiones

PARANÁ

(142 B6) (*🕮 D6*) Die 340 000-Ew.-Stadt, Hauptstadt der Provinz Entre Ríos, liegt auf einem Hügel mit herrlichen Ausblicken auf den Río Paraná und seine zahlreichen dicht bewaldeten Inseln.

Der Urquiza-Park zieht sich vom Ufer des Paraná bis hin zur Stadtmitte. Die großzügig angelegte Stadt ist der Knotenpunkt der gesamten Region. 1853 wurde hier die Konföderation Argentiniens ausgerufen; acht Jahre lang war Paraná so auch Hauptstadt der Republik. Historische Gebäude und Plätze erinnern daran. Westlich des Badestrands am Paraná schließt sich der alte Hafen mit historischem Gerät, hölzernen Fischerbooten und Ausblicken über den Fluss an.

SEHENSWERTES

KATHEDRALE

Am östlichen Ende der Plaza 1° de Mayo steht diese älteste Kirche Paranás im Renaissancestil. Sie beherbergt neben einer aus Deutschland importierten Orgel einen eindrucksvollen Altar.

ESSEN & TRINKEN

In den Flüssen der Region tummeln sich zahlreiche schmackhafte Süßwasserfische, darunter der bis zu 20 kg schwere und 80 cm lange *dorado.* Lassen Sie sich hier keinesfalls einen *dorado a las brasas* entgehen. Der Fisch wird, mit Oregano, Zwiebeln, Tomaten und Paniermehl gefüllt, auf dem Holzkohlegrill gegart.

LA FOURCHETTE

Feine Küche im Gran Hotel Paraná, gute Auswahl auch an vegetarischen und veganen Gerichten. *Urquiza 976 | Tel. 0343 4 22 39 00 |* €€€

QUINCHO DEL PUERTO

Am Hafen frisch gefangene Flussfische aus dem Paraná. *Laurencena 350 | Tel. 0343 4 23 20 45 |* €€

ÜBERNACHTEN

HOWARD JOHNSON MAYORAZGO

Luxushotel nahe beim großen Urquiza-Park. *123 Zi. | Av. Etchevehere/Miranda |*

Tel. 0343 4 20 68 00 | www.hjmayorazgo.com.ar | €€€

MACARIA HOSTEL

Beliebtes Vintagehostel in 100-jährigem Haus mit Patio, 300 m vom Hauptplatz entfernt. *32 Zi. | Monte Caseros 343 | Tel. 0343 15 4 25 79 76 | www.macariahostel.com |* €–€€

MARAN SUITES & TOWERS

Moderner Hotelturm am Park beim Flussufer. Mit Spa und gutem Restaurant. *66 Zi. | Alameda de la Federación/Mitre | Tel. 0343 4 23 54 44 | www.maran.com.ar |* €€–€€€

HOTEL POSTA DEL SOL

Parkhotel an der Einfahrt des Paranátunnels, der unter dem Fluss nach Santa Fe führt. Große Zimmer, Restaurant, Pool, Tennis- und Golfplatz. *22 Zi. | Av. Uranga 3020 | Tel. 0343 4 33 10 00 | www.postadelsol.com.ar |* €€

AUSKUNFT

MINISTERIO DE TURISMO

Laprida 5 | Tel. 0810 4 44 88 74 | www.entrerios.tur.ar

ZIELE IN DER UMGEBUNG

COLÓN/EL PALMAR (142 C6) (*E6*)

Breite Sandstrände, ein üppiger Palmenbestand, attraktive Klippen am Ufer und sommerliche Durchschnittstemperaturen von 30 Grad garantieren den 25 000 Ew. des Ferienorts Colón am Ufer des Río Uruguay, viele unter ihnen Nachfahren französischer und Schweizer Einwanderer, ein Auskommen im Tourismus. Von Paraná aus ist Colón über die Ruta 18 nach Osten und weiter über die Ruta 130 nach Südosten zu erreichen, insgesamt 280 km, von Buenos Aires aus kommt man auf der Autobahn RN 14 in knapp vier Stunden hin. Übernachtungsmöglichkeiten bietet das historische Eckhaus der *Hostería del Puerto (23 Zi. | Alejo Peyret 158 | Tel. 03447 42 26 98 | www.hosteriadecolon.com.ar |* €€*)*.

Ein Staudamm verbindet Colón mit Uruguay über den gleichnamigen Fluss. Am anderen Ufer liegt in einem großen Park das INSIDER TIPP Thermalhotel *Horacio Quiroga (Parque del Lago | Salto Grande | Tel. 00598 47 33 44 11 | www.hotelhoraciquiroga.com |* €€€*)*. Man schwimmt im Pool in warmem Thermalwasser mit Blick auf den Sonnenuntergang über dem breiten Fluss.

Colón ist auch Ausgangspunkt für Ausflüge in den knapp 60 km entfernten Nationalpark *El Palmar*, wie sie von fast allen Reisebüros in Colón angeboten werden. Der Palmenwald ist durch Wanderwege gut erschlossen und in einem Tagesausflug zu meistern. *Itaí Corá Aventura (San Martín 97 | Tel. 03447 42 33 60)* organisiert Flussfahrten in kleinen Motorbooten auf dem Río Uruguay, *Silvio Sepúlve-*

MARCO POLO HIGHLIGHTS

★ **Esteros del Iberá**
Abenteuerurlaub in den Sümpfen von Corrientes → S. 82

★ **San Ignacio Mini**
Die schönste Jesuitenreduktion aus dem Jahr 1610 → S. 85

★ **Floating**
Mit dem Schlauchboot auf dem Río Iguazú oberhalb der Wasserfälle treiben → S. 87

★ **Cataratas del Iguazú**
Tropischer Urwald umgibt die gigantischen Wasserfälle an der Grenze zu Brasilien → S. 88

da (Noailles 817 | Tel. 03447 15 40 26 51) erläutert auf Tagesausflügen die Pflanzen- und Vogelwelt an den Ufern. *Lorena Karpencopf (Tel. 03447 15 43 96 36)* führt Radtouren zu Zielen in der Umgebung wie der verlassenen 100-jährigen Windmühle Molino Forclaz. INSIDER TIPP Ausflüge zum *stonehunting* (Achat und andere vom Fluss angeschwemmte Halbedelsteine) und zu den Wasserschweinen, den größten lebenden Nagetieren der Erde, unternimmt *Fabián Berger (Tel. 03447 15 40 02 61).*

Am Nationalpark kann man im gegenüberliegenden Reservat der Naturschutzorganisation Vida Silvestre *(RN 14 km 202 | Tel. 03447 15 43 16 89 | www.auroradelpalmar.com.ar | €–€€)* in La Aurora del Palmar zelten oder in ehemaligen Bahnwagen übernachten, die zu Bungalows umgestaltet wurden, und zu Fuß, auf dem Pferd oder im Boot die Palmenwälder durchkreuzen.

Besuch bei Kaiman und Wasserschwein: in den Sümpfen Esteros del Iberá

ESTEROS DEL IBERÁ ★

(142–143 C–D 2–4) *(E5–6)*

Abenteuerreisen in die Sümpfe von Iberá in der Nachbarprovinz Corrientes veranstalten viele Reiseunternehmen sowie die Hotels im kleinen Ort Colonia Pellegrini am Lagunenufer wie z. B. die auf Birdwatching spezialisierte *Posada de la Laguna (8 Zi. | Guazú Virá | Tel. 03773 49 94 13 | www.posadadelalaguna.com | €€€)* oder das renovierte *Rancho Inambú (5 Zi. | Yerutí zwischen Pehuajó und Aguapé | Tel. 03773 15 40 13 62 | www.ranchoinambu.com.ar | €–€€).* Kaimane, Wasserschweine und tropisches Flair gehören auch zu den Fotosafaris und Reitausflügen, die in der *Estancia San Juan Poriahú (9 Zi. | Tel. 03781 15 60 86 74 | www.sanjuanporiahu | €€)* bei Loreto am Nordwestrand der Lagune sowie im Südwesten in der von Klaus Liebig geführten *Estancia Buena Vista (7 Zi. | Los Laureles | Tel. 03777 46 01 69 | www.es*

tanciabuenavista.com.ar | €€) 40 km nördlich von Esquina und in der *Estancia La Rosita (8 Zi. | RN 12 km 680 | Tel. 011 15 60 52 55 66 | www.estancialarosita.com.ar | €€€)* 18 km südlich von Esquina organisiert werden.

GOYA (142 B–C4) (*🗺 E6*)

Schon die Fahrt in die gut 350 km nördlich von Paraná gelegene Stadt (79 000 Ew.) ist ein Erlebnis. Der Weg führt durch Sümpfe und Zitronenhaine über die Ruta 12. Um 1772 gegründet, ist Goya heute ein Zentrum des Reis- und Tabakanbaus. Palmenhaine laden zu Spaziergängen ein und für Angler gibt es zahlreiche Exkursionen. Touristeninformation: *www.turismogoya.gov.ar*

ROSARIO (146 B2) (*🗺 D7*)

Die drittgrößte Metropole Argentiniens (1,4 Mio. Ew.) hat sich zu einem attraktiven Tourismusziel aufpoliert. Die Fahrt von Paraná aus erfordert unausweichlich die Kreuzung des breiten Paraná. Hierzu bieten sich zwei alternative Wege: durch den 3 km langen, von der deutschen Baufirma Hochtief in den 1960er-Jahren gebauten Flusstunnel nach Santa Fe und dann 170 km auf der Autobahn; oder am linken Ufer in Entre Ríos 150 km bis Victoria, von wo aus eine spektakuläre moderne Hängebrücke nach Rosario führt. Auch von Rosario aus lohnt sich eine Fahrt über die 608 m lange und 60 m hohe Hauptbrücke: Die Sicht auf die Stadt und auf die breite Flusslandschaft ist einzigartig – und auch das Detail einer Kuh, die mit dem Wasser fast bis zum Hals in der Schilflandschaft unter den Brückenpfeilern weidet.

Die großzügigen Parkanlagen am Fluss um das gigantische *Monumento a la Bandera* mit seinem 75 m hohen ☀ Aussichtsturm sowie im *Parque Independencia* schenken der Stadt die notwendige Luft, um das feuchtwarme Klima zu ertragen. Die sogenannte Jahrhundertpromenade auf der Avenida Córdoba und dem Boulevard Oroño führt an noblen Art-nouveau-Gebäuden entlang. Viele dieser vornehmen Häuser sind heute Hotels

LESEHUNGER & AUGENFUTTER

Jorge Luis Borges – Die Kurzgeschichten des 1899 in Buenos Aires geborenen Autors spiegeln die Stimmung in den Vororten seiner Heimatstadt zu Beginn des 20. Jhs. wider, als der Tango entstand

Santa Evita – Tomás Eloy Martínez zeichnet in diesem Roman von 1995 ein Porträt des Mythos um Eva Perón, das Land und Leute präziser und atmosphärischer als viele Geschichtsbücher und subtiler als Musicals und Filme darstellt

El Secreto de sus Ojos – Der Film von Juan José Campanella, 2010 Gewinner des Oscars für den besten ausländischen Film, zeichnet ein präzises Bild von den unruhigen 1970er-Jahren in Argentinien

Chinese zum Mitnehmen – In Sebastián Borenszteins Film („Un cuento chino", 2011) kommen ein verbitterter Argentinier und ein in Buenos Aires gestrandeter Chinese zusammen, ohne ein Wort in einer gemeinsamen Sprache zu finden. Der Komödienton entspricht dem fatalistischen Humor der *porteños*

(Esplendor Savoy | 84 Zi. | San Lorenzo 1022 | Tel. 0341 4 29 60 00 | www.esplendorsavoyrosario.com | €€–€€€) oder Restaurants *(Pobla del Mercat | Salta 1424 | Tel. 0341 4 47 12 40 | €€–€€€)*. In einem bescheideneren, aber ebenfalls aus alten Zeiten stammenden Haus befindet sich das *Bon Voyage Hostel (3 Zi. | Güemes 2915 | Tel. 0341 4 37 13 61 | www.bonvoyagehostelboutique.com | €–€€)*. Direkt am Fluss mit Blick auf den breiten Paraná wird der beste Fisch aufgetischt im *Escauriza (Escauriza/Paseo Ribereño | Tel. 0341 4 54 17 77 | www.escaurizaparrilla.com.ar | €€)* und im *Los Jardines (Av. Illia 1700 | Tel. 0341 3 20 11 22 | www.losjardinesenrosario.com | €–€€)*.

Rosario wartet aber auch mit wertvollen Kunstmuseen auf: Eine der besten Sammlungen argentinischer Maler besitzt das *Museo Municipal de Bellas Artes Castagnino (Di–So 15–21 Uhr | 10 Pesos | Av. Pellegrini/Boulevard Oroño | www.castagninomacro.org)*, den prunkvollen Lebensstil eines Patrizierhauses mit Limoges-Porzellan und Goya-Gemälden können Sie am Hauptplatz im *Museo Municipal de Arte Decorativo (Di–So 9–14, im Winter bis 19 Uhr | Eintritt frei | San Lorenzo 753 | www.museoestevez.gob.ar)* bewundern und die zeitgenössische lokale Kunst hat in den farbigen ehemaligen Silos am Fluss im *Museo de Arte Contemporáneo (Di–So 15–21 Uhr | 10 Pesos | Av. de la Costa/Boulevard Oroño | www.castagninomacro.org)* eine adäquate Heimat gefunden.

Auskunft: *Ente Turístico Rosario | Av. Belgrano/Buenos Aires | Tel. 0341 4 80 22 30 | www.rosario.tur.ar*

POSADAS

(143 E2) *(F5)* **Die Hauptstadt der im äußersten Nordosten Argentiniens an der Grenze zu Paraguay und Brasilien gelegenen Provinz Misiones ist Ausgangspunkt für Exkursionen zu den Ruinen der Jesuitenreduktionen, die der Provinz ihren Namen gaben.**

Das Grün der Bäume steht in lebhaftem Gegensatz zu der ziegelsteinroten, eisenerzhaltigen Erde vulkanischen Ursprungs, die ebenso typisch für die Region ist wie das feuchtwarme Klima. Auf der *Plaza 9 de Julio* im Zentrum der 320 000-Ew.-Stadt leuchten blau und lila die Jakarandabäume.

SEHENSWERTES

MUSEO REGIONAL ANÍBAL CAMBAS

Fundstücke aus den Jesuitenreduktionen und Kunsthandwerk der Guaraníindianer. *Di–Fr 8–12 und 15–19, Sa 9–12 Uhr | Eintritt frei | Alberdi 600 | im Parque República de Paraguay*

PALACIO DEL MATE

In dem den Teepflanzern gewidmeten Gebäude ist heute das Museum der schönen Künste *(Museo de Bellas Artes)* untergebracht. *Mo–Fr 8–12.30 und 16–20, Sa/So 17–20 Uhr | Eintritt frei | Rivadavia 1846*

ESSEN & TRINKEN

In Misiones sind die Ureinwohner, die Tupiguaraníes, noch vielfach präsent. Dieser Einfluss macht sich auch in der Küche bemerkbar. Fragen Sie z. B. nach *yopará,* einem Eintopf aus Mais, Erbsen und Maniok, und *yaguá hacú,* gebratenen Fleischstückchen, die häufig zu gebackenen Maniokknollen gereicht werden. Allgegenwärtig sind außerdem *chipá,* kleine, mit Käse gebackene Maniokbrötchen.

LA RUEDITA

Flussfische und *galeto* (Hünchenspieß) mit frittiertem Maniok gehören zu den Spezialitäten des beliebten Restaurants mit Blick auf den Fluss. *Arrechea 835/ Costanera | Tel. 0376 4 42 10 61 | €€*

EINKAUFEN

MERCADO ARTESANAL

Kunstgewerbe mit schönen Korbwaren auf dem Hauptplatz *(Plaza 9 de Julio)*.

ÜBERNACHTEN

LA MISIÓN

Großzügig angelegtes Hotel auf der Einfallstraße in die Stadt mit Pool, Sauna, Gym und Park. *44 Zi. | Av. Quaranta 6150 | Tel. 0376 4 45 12 22 | www.lamisionposadashotel.com | €€*

POSADAS URBANO

Modernes Hotel mit Restaurant, Pool und Spa. *84 Zi. | Bolívar 2176 | Tel. 0376 4 44 38 00 | alvarezarguelles.com | €€*

POSADEÑA LINDA

Nettes Hostel mit Pool im Patio. *6 Zi. | Bolívar 1419 | Tel. 0376 4 43 92 38 | www.hostelposadasmisiones.com | €*

AUSKUNFT

INFORMACIÓN TURÍSTICA

Colón 1985 und im Kulturzentrum Paseo La Terminal (Av. Uruguay/Mitre) | Tel. 0376 4 44 75 40 | www.misiones.tur.ar

ZIELE IN DER UMGEBUNG

CORRIENTES (142 C2) *(🕮 E5)*

Das gut 300 km westlich von Posadas gelegene Corrientes (350 000Ew.) ist die Hauptstadt der gleichnamigen Provinz. Orangen- und Akazienbäume säumen die nüchternen Straßen, die im Februar mit dem Karneval spektakulär belebt werden. Das *Franziskanerkloster (Mendoza 468)* gehört zu den wenigen gut erhaltenen historischen Gebäuden. Ab 1608 gebaut, beherbergt es zahlreiche Reliquien und religiöse Geräte aus der Gründerzeit. Eine Spezialität der Stadt sind Flussfische (z. B. INSIDER TIPP *surubí* in Alufolie gebacken). Am besten schmecken sie in den Restaurants an der Uferpromenade Costanera mit herrlichem Blick auf den Fluss.

Monumental: das Monumento a la Bandera in Rosario am Río Paraná

JESUITENREDUKTIONEN (143 E2) *(🕮 F5)*

Von Posadas aus sind die Reste der Missionsstationen mit Linienbussen problemlos zu erreichen. Zahlreiche Reisebüros bieten Halbtagsausflüge (55 km) nach ★ *San Ignacio Mini (tgl. 8–19 Uhr | 200 Pesos)* an, der schönsten der Reduk-

Buntsandstein und Basalt: Ruinen der Missionsstation San Ignacio Mini

tionen. San Ignacio Mini ist vor allem berühmt für seine Bauwerke aus Buntsandstein und Basalt, seine Arkadengänge und indianische Kirchenmalerei. Wer mehr Zeit hat, sollte sich auch die Missionsstädte *Candelaria* (20 km), *Santa Ana* (40 km) und *Loreto* (50km) ansehen.

Vom Beginn ihrer Missionstätigkeit bis zur Vertreibung der Jesuiten 1767 lieferten die christlichen Indianerdörfer Stoff für Legenden, Verleumdungen und Spekulationen. Wahr ist, dass die Siedlungen durch den Anbau von Mate und durch Viehzucht beträchtliche Gewinne erwirtschafteten, die bei den ortsansässigen *estancieros* Neid hervorriefen. Oft wurden die Reduktionen als eine frühsozialistische Gesellschaftsform interpretiert, denn die Produktionsmittel befanden sich in den Händen der Allgemeinheit und die Verwaltung wurde gemeinschaftlich organisiert. Berühmt waren die Städte auch für die handwerklichen Fähigkeiten ihrer Bewohner. Die Grenzkriege zwischen Argentinien, Paraguay und Brasilien im 19. Jh. zerstörten schließlich die Gebäude der Missionssiedlungen.

PUERTO IGUAZÚ

(143 F1) (*🕮 F5*) **Der kleine, eher ungepflegte Ort wäre sicher keine Reise wert, wenn in seiner Nähe nicht die größten und eindrucksvollsten Wasserfälle des ganzen amerikanischen Kontinents tosend in die Tiefe stürzten.**

Zwischen der Kleinstadt und dem Parque Nacional Iguazú liegen nur 20 km. Zahlreiche Reisebüros bieten neben den klassischen Bustouren auch Wanderungen durch den Urwald und Floating auf dem Oberlauf des Río Iguazú an.

Auf der brasilianischen Seite, auf der die Wasserfälle liegen, befinden sich zahlreiche Hotels internationalen Niveaus im moderneren Foz do Iguaçu. Auf argentinischer Seite ist man praktisch am Wassergetöse inmitten des Urwalds, auf der brasilianischen hat man dagegen eine weitere Übersicht. Flussabwärts Richtung Itaipú, dem größten Wasserkraftwerk der Welt, kommt man über eine Brücke nach Ciudad del Este in Paraguay, ein Preisparadies mehr oder minder legal gehandelter Waren aus aller Welt.

ESSEN & TRINKEN

Beliebte Restaurants sind *La Rueda (Av. Córdoba 28/Victoria Aguirre | Tel. 03757 42 25 31 | www.larueda1975.com.ar | €–€€)* und *El Quincho del Tío Querido (Av. Perón/Caraguatá | Tel. 03757 42 01 51 | www.eltioquerido.com.ar | €–€€)*. Eine Alternative zum *asado* bietet mit ausgefeilter Speisekarte – auch für Vegetarier – im Urwald außerhalb von Puerto Iguazú das *Naipi (Selva Iryapú | Tel. 03757 49 83 00 | €€–€€€)*, das Restaurant des Hotels Loi Suites.

FREIZEIT & SPORT

Der subtropische Regenwald um die Wasserfälle mit seiner berauschenden Artenvielfalt lädt zur Fotosafari und zu Spaziergängen ein. Wer weiter in den dichten Urwald eindringen möchte, kann eine Tour über den Macucopfad bis zum unteren Iguazúfluss und dann im Schlauchboot am Arrecheafall vorbei zurück zur Garganta del Diablo der Iguazúfälle buchen *(Iguazú Jungle Explorer | Tel. 03757 42 16 96 | www.iguazujungle.com)*.

Ein Abenteuer ganz anderer Art ist ★ Floating im Schlauchboot ohne Motor auf dem Oberlauf des Iguazú, d. h. oberhalb der Wasserfälle. Die Fahrt beginnt in Puerto Canoas und führt den Fluss hinab bis kurz vor die Wasserfälle. *Aguas Grandes | Entre Ríos 66 | Tel. 03757 42 55 01 | www.aguasgrandes.com*

ÜBERNACHTEN

LA ALDEA DE LA SELVA

30 Bungalowzimmer mitten im Urwald des Naturreservats Iriapú und doch nur 3 km vom Stadtzentrum enfernt. Mit Pool und Restaurant. *Selva Iriapú | Tel. 03757 49 30 10 | laaldeadelaselva.com | €€–€€€*

HOTEL BOURBON CATARATAS

Von einem Park umgebenes Luxushotel 22 km entfernt auf brasilianischer Seite an der Straße zu den Wasserfällen. *312 Zi. | Rodavia das Cataratas km 2,5 | Tel. 005545 35 21 39 00 | www.bourbon.com.br | €€€*

JARDÍN DE IGUAZÚ

Modernes Hotel mit Pool und Innenhof. Zuvorkommendes Personal. *29 Zi. | Bompland 274 | Tel. 03757 42 41 71 | www.jardindeiguazu.com.ar | €€*

MELIÁ IGUAZÚ

Einziges Hotel im Park, mit Aussicht auf die Wasserfälle. Restaurant, Pool und Spa. *176 Zi. | Tel. 03757 49 18 00 | www.melia.com | €€€*

HOTEL RAFAIN CENTRO

Viersternehotel mit 120 Zimmern auf der brasilianischen Seite im Zentrum von Foz do Iguaçu. *Rua Marechal Deodoro 984 |*

LOW BUDG€T

Billige (ab 10 Euro!) und doch saubere und freundliche Unterkunft im Topziel Iguazú finden Sie im *Noelia Hostel (12 Zi. plus Schlafsäle für 6 Pers. | Fray Luis Beltrán 119 | Tel. 03757 42 07 29 | www.hostelnoelia.com)*.

Für knapp 10 Euro können Sie mit lokalen Fischern in Paraná in einfachen Booten einen Tagesausflug unternehmen und über die Küstenvegetation, rund 300 Fischarten und die alten Fischertraditionen staunen. *Baqueanos del Río | Steg der Costanera Baja | Muelle 2 | Luis Romero | Tel. 0343 15 6 11 21 70*

Tel. 005545 35 2135 05 | www.rafaincentro.com.br | €€

SECRET GARDEN IGUAZÚ

B & B mit kleinem Tropenwald im Garten, vom englischen Fotografen John Fernandes zuvorkommend geführt. *3 Zi. | Los Lapachos 623 | Tel. 03757 42 30 99 | www.secretgardeniguazu.com |* €€€

AUSKUNFT

Informationen erhält man über das örtliche Tourismusbüro *(Victoria Aguirre 337 | Tel. 03757 42 39 51 | www.iguazuturismo.gob.ar)* und über die Parkverwaltung *(Tel. 03757 49 14 44 | www.parquesnacionales.gov.ar, www.iguazuargentina.com).*

ZIELE IN DER UMGEBUNG

CATARATAS DEL IGUAZÚ ★ ●

(143 F1) *(F4–5)*

Im Parque Nacional de Iguazú werden Sie Zeuge eines unvergesslichen Naturschauspiels. Die großen Wasser, wie die Guaraní die Wasserfälle nennen, stürzen sich aus 70 m Höhe in die hufeisenförmige Schlucht. Die Front der Fälle, in ein weites Delta mit zahllosen Inseln aufgefächert, misst 2,7 km. Die Luft flirrt vor Hitze, gewaltige Gischtmassen lassen bei Sonnenschein kleine Regenbogen entstehen, die gesamte Gegend ist von einem ständigen Dröhnen erfüllt.

Hier, im äußersten Nordosten Argentiniens, fallen jährlich 2000 mm Niederschlag. Nachts steigt die Luftfeuchtigkeit auf 90 Prozent, und die warmen Tagestemperaturen lassen die gesamte Gegend zu einem fruchtbaren Treibhaus werden, in dem die Natur so üppige Formen annimmt wie im Paradies.

Der Regenwald bringt gewaltige Baumriesen hervor wie den bis zu 40 m hohen Lapacho Negro sowie zahlreiche Edelhölzer, Bambusgewächse, Guavenbäume und wilde Papayas, Tausende von Ficusgewächsen und unzählige leuchtende Orchideen, Lianen und Kletterpflanzen, Malven mit spinnenförmigen Früchten und grazile Palmen. Schwergewichtige Tapire (300 kg) und kleine Hirsche durchstreifen das Unterholz nach Früchten. Riesige Rudel von Warzenschweinen machen die Gegend unsicher und auf den Bäumen leben Kapuziner- und Brüllaffen. Neun verschiedene Arten von Beuteltieren ernähren sich von Insekten und Früchten. Sie werden selbst zur Beute, wenn Jaguar, Puma, Wildkatze, Berglöwe, Frettchen, Fuchs und Waschbär auf die Jagd gehen. Nachts gehört der Park den Fledermäusen, selbst der Blut saugende Vampir gehört dazu. Tagsüber wimmelt es von Schmetterlingen und Vögeln wie Papageien, Kolibris und Tukanen. Dem Pfefferfresser, Wahrzeichen der gesamten Region, sagen die Guaraní sogar magische Kräfte nach.

Man sollte wegen der teilweise giftigen Schlangen keinesfalls in Sandalen durch das Buschwerk laufen. Außerdem ist ein Balsam für Mückenstiche sowie eine Salbe zur Vorbeugung ratsam. Besonders zu empfehlen: *Repelente Off,* in allen argentinischen Apotheken zu haben.

Sechs verschiedene Rundgänge nehmen von 20 Minuten bis zu drei Stunden in Anspruch. Ein offener, gasgetriebener Ökozug fährt die Gäste durch den Urwald zum Ausgangspunkt der Spazierpfade *(Estación Cataratas)* und zum Steg über den Schwindel erregenden, 80 m hohen Wasserfall der *Garganta del Diablo (Estación Garganta del Diablo). Tgl. 8–18, im Sommer bis 19 Uhr | 500 Pesos | www.iguazuargentina.com*

FOZ DO IGUAÇU (143 F1) *(F4–5)*

Die einzige Gelegenheit, eine Gesamtansicht der Wasserfälle zu erleben, ist ein

Ausflug in den brasilianischen Ort Foz do Iguaçu. Ein 1,5 km langer, gepflasterter Weg führt dort den Fällen gegenüber am Urwaldrand entlang. Mit einem Lift kann man außerdem die Florianofälle hinauffahren. Ausflüge nach Brasilien organisiert *Sol Iguazú Turismo (Puerto Iguazú | Av. Victoria Aguirre 237 | Tel. 03757 42 11 47 | www.soliguazu.com.ar).*

In Iguazú können Sie auch die artenreiche Vogelwelt bestaunen

INSIDER TIPP SALTOS DEL MOCONÁ
(143 F2) *(🕮 F5)*

Auch abseits vom Massentourismus, der sich bei den Iguazúfällen drängt, sind Urwald und Wasser ein Charakteristikum der Provinz Misiones, vor allem im Osten am Ufer des Río Uruguay, der hier die Grenze zu Brasilien bildet. Dort erstrecken sich die Wasserfälle der Saltos del Moconá auf 3 km, umgeben von Urwald. Wanderungen und Bootsfahrten sind im Angebot der *Lodge Don Enrique (am Ufer des Arroyo Paraíso | Tel. 011 15 58 14 73 33 | www.donenriquelodge.com | €€€)* und der *La Misión Moconá Lodge (am Flussufer 10 km flussabwärts von den Wasserfällen | Tel. 011 15 34 15 05 00 | www.lodgelamision.com.ar | €€)* eingeschlossen. Auch das *Hostal Aldea Yaboty (RP 2 | Tel. 011 15 65 97 41 52 | aldeayaboty.com | €€)* im Urwald organisiert Bootsfahrten über 35 km auf dem Río Paraíso bis zu den Wasserfällen.

SAN IGNACIO MINI (143 E2) *(🕮 F5)*

Auch von Puerto Iguazú aus kann man in einem Tagesausflug die Jesuitenreduktion San Ignacio Mini besuchen *(tgl. 8–19 Uhr | 200 Pesos inkl. Führung).* Der Bus macht unterwegs Halt in einer Mateplantage und in der Edelsteinmine *Wanda,* in der hauptsächlich Amethyste gefördert werden.

PATAGONIEN UND FEUERLAND

Patagonien beginnt südlich des Río Colorado und erstreckt sich über fast 2000 km Richtung Süden bis zur Magellanstraße. Es ist von seiner Ausdehnung her etwas größer als Frankreich, und das bei einer Bevölkerungsdichte von nur einem Menschen je 2 km².

Zwischen den Orten liegen oft mehrere Flugstunden oder tagelange Busfahrten. Kaum ein anderes Reiseziel verbindet sich so sehr mit unserer Sehnsucht nach Abenteuer und Abgeschiedenheit.

Patagoniens staubige Küste beherbergt eine faszinierende Tierwelt. Hier treffen Steppenbewohner wie Guanakos, Gürteltiere, Maras (Pampahasen) und Rotfüchse auf riesige Seeelefanten und Pinguinkolonien. Die Strände werden vom planktonreichen Falklandstrom umspült. Dieses ständige Nahrungsangebot lockt Fischschwärme an, die ihrerseits beliebte Beute für größere Jäger sind. So tummeln sich im Golf von San José (Península Valdés) Hunderte von Delphinen. Majestätische Seeelefantenmännchen bewachen ihren Harem in Punta Delgada, ebenfalls auf der Halbinsel Valdés. Von Juni bis Oktober kann man mit kleinen Booten unter kundiger Führung die kolossalen Bartenwale beobachten. Jahr für Jahr suchen Hunderte von südlichen Glattwalen die abgeschiedene Küste Patagoniens auf, um sich hier zu paaren und anschließend ihre Jungen aufzuziehen.

Die Anden Südpatagoniens unterscheiden sich ganz wesentlich von allen anderen Gebirgslandschaften der Erde. Die

 Bild: Cerro Fitz Roy

Grandiose Naturschauspiele: gigantische Gletscher, versteinerte Wälder und Höhlenmalereien

Berge öffnen sich auf die unermesslich weite Steppe oder auf die Flächen der kontinentalen Gletscher. Als Relikt aus der Eiszeit weisen die Anden hier zwei ausgedehnte Eisflächen auf, ähnlich denen Grönlands und der Antarktis, die sich über 17 900 km^2 erstrecken. Im Osten ragen einige Gletscherzungen in die großen Seen Argentiniens. Dieses Naturschauspiel bewirkte 1937 die Einrichtung des Gletschernationalparks im Südwesten der Provinz Santa Cruz mit einer Gesamtfläche von 6000 km^2. Wenn die Gletscher kalben, treiben kleine Eisberge auf dem Wasser bis in die Steppe.

Steinwüste, Savanne und ausgedörrte Flusstäler prägen das Bild des patagonischen Hochlands im Zentrum der Provinzen Chubut und Santa Cruz. Im Sommer wird es tagsüber unerträglich heiß. Temperaturen bis zu 40 Grad Celsius sind dann keine Seltenheit. Nachts kühlt es sich dagegen empfindlich ab. Diese extremen Temperaturschwankungen und die schneidenden Winde haben eine touristische Erschließung dieser Mondlandschaft in größerem Maßstab bisher verhindert. Und doch hält sie ein einzigartiges Naturschauspiel bereit: die versteinerten Wälder Patagoniens. Im steinernen Wald bei Comodoro Rivadavia sind vor rund 150 Mio. Jahren riesige Araukarienstämme verkieselt. Bizarre Basaltsäulen erzählen von der Vulkantätigkeit vor Urzeiten.

Südlich der Magellanstraße verliert sich Südamerika im Inselgewirr Feuerlands. Sturm umtost den Granitfelsen Kap Hoorn, wo Pazifischer und Atlantischer Ozean aufeinanderprallen. Eisbedeckte Berge wachsen direkt aus dem Meer und beschatten Beaglekanal und Magellanstraße. Und in den tiefen Fjorden Südchiles, in der Cordillera Darwin, herrscht eine atemraubende Stille, die nur durch das Krachen kalbender Gletscher durchbrochen wird.

Feuerland durchzieht eine Staatsgrenze von Norden nach Süden. Der westliche Teil gehört zu Chile, der östliche wird von Argentinien regiert. Reisen und Verkehr sind aber zwischen beiden Staaten problemlos möglich.

ZIELE IN PATAGONIEN UND AUF FEUERLAND

INSIDER TIPP ALUMINÉ (138 C1) *(B9)*

Die nordpatagonischen Seen kann man von Aluminé (Provinz Neuquén) aus gut anfahren (Hotelempfehlung: *Hostel El Viejo Catre | Av. 4 de Caballería 51 | Tel. 02942 66 16 23 |* €–€€ und *Hostal del Río | RP 23 2 km nördl. von Aluminé | Tel. 02942 15 69 68 08 | www.elhostaldelrio.com.ar |* €–€€). Am Ufer des Sees Pulmari, 36 km von Aluminé, liegt das exklusive *Piedra Pintada Resort (12 Zi. |*

150 Mio. Jahre alt: versteinerte Araukarienstämme im Bosque Petrificado

RP 11 km 50 | Tel. 011 43 28 01 45 | www.piedrapintada.com | €€€), wo Sie rund 180 Vogelarten beobachten können.

Knapp 100 km südlich von Aluminé zweigt kurz vor Junín de Los Andes der Weg westwärts ab zu den Seen Huechulafquen, Paimún und Epulaufquen im *Nationalpark Lanín (250 Pesos).* Durch dichte Wälder und über einen versteinerten Lavafluss kommt man am südwestlichen Ufer des Lago Epulaufquen an die Thermalbäder von *Lahuen Co* („Wunderwasser" in der Sprache der Mapuche). Dort gibt es den gut ausgestatteten Campingplatz *Termas de Epulaufquen (RP 62 | Tel. 02972 42 43 59 | €).*

Von Junín de los Andes noch 40 km weiter nach Süden beginnt in *San Martín de los Andes* der *Camino de los Siete Lagos*, eine der schönsten Routen Patagoniens, die nach San Carlos de Bariloche führt. 7 km außerhalb von San Martín können Sie sich in der *Las Vertientes Lodge (2 Zi. | Callejón Gingins | Tel. 02972 42 64 02 | www.lasvertienteslodge.com | €€)* ganz der Ruhe des Landlebens hingeben.

INSIDER TIPP BOSQUE PETRIFICADO

(138 C3) (*🗺 C11*)

Comodoro Rivadavia (175 000 Ew.) im Süden der Provinz Chubut an der Atlantikküste ist der Ausgangspunkt für Exkursionen in die Welt der versteinerten patagonischen Wälder. Der *Bosque Petrificado José Ormaechea* ist westwärts über die Rutas 26 und 20 nach Sarmiento zu erreichen. Den südlicher gelegenen *Nationalpark Bosques Petrificados de Jaramillo (Eintritt frei | www.parquesnacionales.gob.ar)* erreicht man nach 320 km über die RN 3 und die RP 49.

CABO DE HORNOS ★

(139 D6) (*🗺 C14*)

Kap Hoorn ist ein Name, der bei Seeleuten Respekt erzeugt. Wer im Segelschiff die gefährliche Meeresroute westwärts gegen den ewigen Wind schaffte, gehörte dem exklusiven Klub der Kap-Hoorners an. Segeltörns nach Kap Hoorn, zur legendären Isla de los Estados und durch die Gletscher der Darwinkordillere beginnen alle in Ushuaia: *Henk Boersma | Yacht Sarah W. Vorwerk | P. O. Box 61 | Ushuaia | Tel. 02901 15 41 33 94 | www.sarahvorwerk.net; Ocean Expeditions | Tel. 0061 4 18 58 56 65 | www.ocean-expeditions.com; Mago del Sur | c/o Club AFASyN | Ushuaia | Tel. 011 15 51 48 64 63 | www.magodelsur.com*

CERRO FITZ ROY ★

(138 B4) (*🗺 B12*)

Wanderungen im Schatten der imposanten Türme des Fitz-Roy-Massivs beginnen im kleinen Ort El Chaltén (1700 Ew.) 220 km nördlich von Calafate. Das Basiscamp des Cerro Torre kann man von hier in einer Tageswanderung erreichen und dann aus 2500 m Höhe einen atemraubenden Rundblick über die patagonischen Anden genießen.

MARCO POLO HIGHLIGHTS

★ Cabo de Hornos
Einwöchige Segeltour um das Traumziel aller Segler → S. 93

★ Cerro Fitz Roy
Die imposanten Türme des Massivs laden zu Ausflügen ein → S. 93

★ Glaciar Perito Moreno
Der riesige Gletscher kalbt krachend in den Lago Argentino → S. 94

★ Península Valdés
Zuflucht für Seelöwen, Pinguine, Wale und Seeelefanten → S. 95

FALKLANDINSELN (ISLAS MALVINAS)

(139 E5) (*🕮 D–E 12–13*)

Ob der im Südatlantik gelegene Archipel der Malvinas, so der spanische Name, zu Großbritannien oder zu Argentinien gehört, das ist für Argentinier keine Frage. Seit der britischen Besetzung im Jahr 1833 hat kaum je eine argentinische Regierung ihren Souveränitätsanspruch aufgegeben. Argentinien geht es dabei besonders um den Zugriff auf die reichhaltigen Vorkommen an Erdöl und Krill und um den Zugang zur Antarktis. Das Problem ist durch den Falklandkrieg 1982 ganz und gar nicht gelöst worden. Großbritannien unterhält heute einen kostspieligen Marinestützpunkt auf den Inseln und die Kelper (Falklandbewohner) haben jeden Kontakt zu den Einwohnern Argentiniens abgebrochen. Lan-Chile fliegt für rund 660 Euro (hin und zurück) samstags von Punta Arenas im chilenischen Feuerland (einmal im Monat auch mit Zwischenlandung im argentinischen Río Gallegos, von dort aus kostet der Hin- und Rückflug ca. 200 Euro) die Inseln an, die sich größter Beliebtheit bei Ornithologen erfreuen. Hier nisten der gigantische Albatros und der elegante Königspinguin. Auskunft: *Stanley Services Ltd. | Port Stanley | Tel. 00500 2 26 22 | www.stanley-services.co.fk, www.falklands.gov.fk; Falkland Islands Tourist Board | Tel. 00500 2 22 15 | www.falklandislandsholidays.com*

LOW BUDG€T

Die staatliche Fluglinie *Lade (Tel. 0810 8 10 52 33 | www.lade.com.ar)* verbindet vier patagonische Städte untereinander zu Preisen, die zum Teil weit unter denen der privaten Konkurrenz liegen (z. B. Comodoro Rivadavia–Río Grande ca. 80 Euro). Sie müssen aber frühzeitig reservieren!

Die billigste Unterkunft im sonst recht teuren El Calafate bieten die Gästehäuser *Jorgito (Gobernador Moyano 943 | Tel. 02902 49 13 23)* – hier auch Camping – und *Hostería & Hostel Los Barrancos (Villa Parque Los Glaciares | C/ 1015 | Tel. 02902 49 13 80 | www.hosterialosbarrancos.com)* mit Doppelzimmern für rund 25 Euro. Preiswert ist auch das Hostel *Aves del Lago (C/ 303 Nr. 177 | Tel. 02902 49 46 49 | avesdellago.tripod.com)* an der Laguna Nimez.

PARQUE NACIONAL LOS GLACIARES/ GLACIAR PERITO MORENO

(138 C4–5) (*🕮 B12*)

Den riesigen, bis vor wenigen Jahren noch im Wachstum begriffenen Kontinentalgletscher, den imposanten ★ *Glaciar Perito Moreno* (30 km lang, am See 4 km breit und bis zu 70 m hoch über dem Wasserspiegel, mit 195 km² Fläche so groß wie die Stadt Buenos Aires) am Lago Argentino, besucht man am günstigsten von El Calafate aus, einem kleinen Ort, der mit einem modernen Flughafen und zahlreichen Hotels und Restaurants ausgestattet ist. Von dort aus werden Bustouren und Wanderungen auf dem Gletscherrücken sowie Bootsausflüge zu weiteren der mehr als 100 Gletscher im Nationalpark Los Glaciares angeboten *(Hielo y Aventura | Av. Libertador 935 | Tel. 02902 49 22 05 | www.hieloyaventura.com)*.

Die Gletscherlandschaft entsteht aus einem enormen Eisfeld von 22 500 km². Das Ostgefälle der Anden lässt das Eis in Gletscherform fließen, bis es in die großen Seen Viedma, Argentino und San

Cool: Wanderung auf dem Gletscherrücken des Glaciar Perito Moreno

Martín einschmilzt. Im Ort bietet die *Hostería Cauquenes de Nimez (12 Zi. | C/ 303 Nr. 79 | Tel. 02902 49 23 06 | www.cauquenesdenimez.com.ar | €€)* eine angenehme Unterkunft etwas abseits vom Zentrum an der Nimez-Lagune.
Überall in Patagonien haben Archäologen Felsmalereien gefunden, Jagdszenen, Guanakoherden, menschenähnliche Abbildungen und Handabdrücke. In den verhexten Höhlen von *Punta Gualicho* bei Calafate sind diese vermutlich kultischen Malereien, die um 4000 v. Chr. herum entstanden sein sollen, besonders schön.

PARQUE NACIONAL DE TIERRA DEL FUEGO (138 C6) *(C14)*

Auf einer Fläche von 630 km² bietet Feuerlands Nationalpark neben Bergketten, ausgedehnten Hochmooren, Flüssen, tiefen Tälern und dichten Südbuchenwäldern auch felsige Meeresküste. Er ist besonders für Birdwatching geeignet: Hier treffen flugunfähige Dampferenten auf Wildgänse, Austernfischer, Albatrosse und Waldvögel wie den schwarzen Magellanspecht. Auch Kondore leben hier.
Gewaltige Biberdämme durchschneiden das Gebiet und lassen es langsam versumpfen. An den Moorseen wächst Sonnentau, im Schatten der Südbuchen blühen Orchideen. Ausgangspunkt für Exkursionen ist *Ushuaia* (87 000 Ew.), die Hauptstadt Feuerlands. Erkundigen Sie sich nach Trekking oder Birdwatchingtouren. Ausflüge organisiert u. a. *Rumbo Sur (Av. San Martín 350 | Tel. 02901 42 11 39 | www.rumbosur.com.ar).*

PENÍNSULA VALDÉS ★ (139 D2) *(D10)*

Die quirlige Hafenstadt Puerto Madryn an der rauen patagonischen Küste ist das Tor zur Halbinsel Valdés *(415 Pesos)* und ihrer faszinierenden Tierwelt. Über den

35 km langen Landstreifen *Istmo Ameghino* mit der Küste verbunden, teilt Valdés die Buchten Golfo San José und Golfo Nuevo. Die Straßen Ruta 2 und 3 bilden einen Rundweg, der alle sehenswerten Punkte verbindet. Vom Aussichtsturm des Informationszentrums hat man einen Rundblick über das ganze Gebiet. 10 km südlich erreichen Sie die Bucht von *Puerto Pirámides.* Von Mai bis November starten hier Boote zur Bucht der Wale ab 890 Pesos pro Person. Die Wale ruhen im Winter vor der hohen patagonischen Küste, die sie im relativ warmen Wasser vor dem Wind schützt. Die enormen Wassertiere paaren sich hier und stillen die Jungwale, bis sie zur weiten Reise in die Antarktis bereit sind. Am Nordrand des Orts steht das moderne, mit Sonnenenergie betriebene Ökohotel *Del Nómade (8 Zi. | Av. de las Ballenas | Tel. 0280 4 49 50 44 | www.ecohosteria.com.ar | €€–€€€).*

In der *Caleta Valdés* im Osten des Naturreservats haben Pinguine Zuflucht gefunden. Im äußersten Norden, in *Punta Norte,* machen im Sommer die Orcas (Schwertwale) Jagd auf die Seelöwenjungen am Strand. Auf der Südwestspitze der Halbinsel, bei *Punta Delgada,* sonnen sich die Seeelefanten. Hier findet man eine der einsamen Landschaft angepasste Unterkunft im ehemaligen Postgebäude und Offizierskasino *Hotel Faro Punta Delgada (27 Zi. | Tel. 0280 4 45 84 44 | www.puntadelgada.com | €€€)* und auf der *Estancia Rincón Chico (8 Zi. | Tel. 0280 4 47 17 33 | www.rinconchico.com.ar | €€€).*

Das Ökosystem der Halbinsel und ihrer Umgebung wird in dem nach modernen Museumskonzepten geführten *Ecocentro Mar Patagonia (sehr stark gestaffelte Zeiten | 250 Pesos | Julio Verne 3784 | www.ecocentro.org.ar)* an der Südspitze von Puerto Madryn dargestellt.

Atlantik um Valdés: Kinderstube für Buckelwale und andere Meeressäuger

PUNTA TOMBO (139 D3) (*🕮 C10*)
110 km südlich von Trelew zieht sich diese Landzunge 3,5 km weit in den Atlantik hinein und bietet auf flachen Sandstränden ideale Brutbedingungen für Magellanpinguine. Hier befindet sich die größte Pinguinkolonie außerhalb der Antarktis mit mehreren Millionen Tieren. *www.puntatombo.com*

SAN CARLOS DE BARILOCHE
(138 C2) (*🕮 B9*)
Ein Besuch in Bariloche (108 000 Ew.) führt Reisende in die „Argentinische Schweiz". 770 m über dem Meer, ist die Stadt von Seen und Bergen umgeben. Der See *Nahuel Huapi* mit einer Oberfläche von 550 km² im gleichnamigen Naturpark bietet zahlreiche Möglichkeiten zum Angeln, Segeln sowie Wasserski- und Kajakfahren. Unter den Hotels sticht das *Llao Llao Hotel & Resort (201 Zi. | Av. Bustillo km 25 | Tel. 02944 44 85 30 | www.llaollao.com | €€€)* wegen seiner günstigen Berglage hervor.
Im benachbarten *Villa La Angostura* genießt man im *Hotel Don El Faro (15 Zi. | Av. 7 Lagos 2735 | Tel. 011 52 36 90 92 | www.hotelesdon.com | €€€)* einen herrlichen Blick auf das Nordufer des Sees Nahuel Huapi. Ebenfalls mit Sicht auf den See, aber am Südwestufer, liegt das *Península Petit Hotel (11 Zi. | Av. Campanario 493 | Península San Pedro | Tel. 0294 444 89 68 | www.peninsulapetithotel.com.ar | €€).*

INSIDER TIPP **VALLE DE LOS DINOSAURIOS** (138 C1) (*🕮 B9*)
Im Dinosauriertal in der Provinz Neuquén, einer der reichsten paläontologischen Fundstellen der Welt, geht es durch versteinerte Wälder, an den Fußstapfen der prähistorischen Tiere vorbei und durch die lokalen Museen. Dort sind u. a. das Skelett eines 13 m großen fleischfressenden Giganotosaurus und die fossilen Knochen eines 40 m langen Argentinosaurus zu sehen. In der Ortschaft *Plaza Huincul* befindet sich das *Dinosauriermuseum Carmen Funes (Mo–Fr 9–19, Sa/So 10.30–20.30 Uhr | 10 Pesos | Ruta 22/ RP 17).* Das lokale *Tourismusbüro (Tel. 0299 4 96 76 37)* am östlichen Stadteingang gibt Auskunft über Ausflüge zu den Fundstätten. *short.travel/arg6*

GOLD ODER GLETSCHER?

Die zahlreichen Gletscher in Patagonien sind einer doppelten Bedrohung ausgesetzt: Einerseits lässt der Klimawandel die Eiszungen schmelzen. Andererseits nehmen Bergbauprojekte auf der Suche nach neuen Edelmetall-Fundstellen zu. Vor allem der florierende Tagebau geht zulasten der Gletscher – wegen der aggressiven Abbaumethoden, die z. B. mit Zyanid arbeiten. Die Gold- und Silberbestände im patagonischen Boden werden auf 1,4 Mio. t geschätzt. 2010 trat ein Gesetz in Kraft, das die Gletscher und deren Umfeld für unantastbar erklärte. Der Gletscher Viedma, der auf den gleichnamigen See zufließt, hat seit 1930 rund 1 km an Länge und 50 m an Höhe verloren, die gesamte Eisfläche des südpatagonischen Gletschersystems ist in den letzten 70 Jahren um fast zehn Prozent geschrumpft. Das geschmolzene Wasser der patagonischen Gletscher trägt überdies zum Ansteigen der Meeresspiegel bei.

ERLEBNISTOUREN

1 ARGENTINIEN PERFEKT IM ÜBERBLICK

START: ❶ Buenos Aires **ZIEL:** ❶ Buenos Aires	**21 Tage** reine Flugzeit 14 Stunden
Strecke: **ca. 12 500 km**	

KOSTEN: ca. 11 000–12 000 Euro/2 Personen im Doppelzimmer (Flüge, Mietwagen, Benzin, Unterkünfte, Verpflegung, Eintritte, Ausflüge)
MITNEHMEN: Mücken- und Sonnenschutz, Windjacke

ACHTUNG: Aerolíneas Argentinas und Austral bieten über das Programm Visit Argentina Inlandsflüge zu 150–200 Dollar pro Strecke *(www.aerolineas.com.ar/en-us/cheap_flights/visit_argentina)*
Beste Reisemonate: Oktober/November und März

Sie wollen die einzigartigen Facetten dieser Region entdecken? Dann los! Noch einfacher wird es mit der Touren-App: Laden Sie sich die Tour über den QR-Code auf Seite 2/3 oder über die Webadresse in der Fußzeile auf Ihr Smartphone – damit Sie auch offline die perfekte Orientierung haben. Bei Änderungen der Tour ist die App auf dem neuesten Stand und weicht ggf. von den Erlebnistouren im Buch ab. In diesem Fall finden Sie in den Events & News (s. S. 2/3) die neueste Tour als PDF.

TOUREN-APP

→ S. 2/3

Auf dieser Tour erleben Sie die vielfältigen Facetten Argentiniens vom tropischen Nordosten an der brasilianischen Grenze über die einsame Berglandschaft im indianischen Nordwesten bis tief in den patagonischen Süden. Die Weinlandschaften um Mendoza am Fuß der Anden gehören ebenso dazu wie die Kinderstube der Wale im Atlantik um die Halbinsel Valdés.

TAG 1–4

1 Buenos Aires

1318 km

2 Puerto Iguazú

1 Buenos Aires → S. 32 ist natürlicher Startpunkt. **Mit einem Direktflug nach** 2 Puerto Iguazú → S. 86 im äußersten nordöstlichen Zipfel des Landes geht es ab in die Natur zu den grandiosen Wasserfällen Cataratas del Igua-

Bild: Perito-Moreno-Gletscher

279 km

3 San Ignacio Mini

346 km

4 Saltos del Moconá

zú → S. 88. Einen unvergesslichen Eindruck gewinnen Sie bereits bei einem zweitägigen Aufenthalt. Anschließend kundschaften Sie das tropische Hinterland aus: Mit dem Mietwagen geht es **auf der RN 12** zu den Ruinen der Missionsstationen, die die Jesuiten in Santa Ana und **3 San Ignacio Mini → S. 86** im 17. Jh. mit den Guaraníindianern errichteten. **Über die RP 4 und die sich am Río Uruguay entlangschlängelnde RP 2** geht es weiter zur **Lodge Don Enrique** bei den **4 Saltos del Moconá → S. 89**, wo Sie sich für zwei Nächte einquartieren. Mitten im Urwald fällt das Wasser hier auf einer Breite von 3 km vom höheren auf das niedrigere Flussbett – spektakulär! **Zurück in Puerto Iguazú, nehmen Sie den Direktflug nach Salta.**

Die Kindermumien im MAAM in ❺ Salta → S. 71 sind einen ehrfürchtigen Besuch wert. Im Leihwagen führt der Weg dann **Richtung Südwesten** durch die Kandelaberkakteen des ❻ Parque Nacional Los Cardones → S. 73 bis ins sympathische ❼ Cachi → S. 74. Nach der anstrengenden Fahrt lockt ein Glas des lokalen Torrontés-Weißweins in der Oliver Wine Bar **auf der Plaza neben der Kirche** mit dem 6380 m hohen Nevado de Cachi im Hintergrund. **Weiter südlich auf der RN 40 erreichen Sie** ❽ Cafayate → S. 104, das Zentrum der Valles Calchaquíes → S. 73. Machen Sie hier noch einmal Station, um ausgeruht **auf der RN 68** durch die 75 km lange Schlucht ❾ Quebrada de las Conchas **zurück nach Salta zu fahren, wo Sie den Direktflug nach Mendoza nehmen.**

Nach all der Hitze ist der Besuch der Weinoase ❿ Mendoza → S. 66 im Schatten der schneebedeckten Andengipfel wunderbar erholsam. Im Mietwagen erreichen Sie bequem eines der Weingüter in der Umgebung, etwa das der ⓫ Familia Zuccardi → S. 71. Bei einem Glas Malbec oder Sauvignon Blanc in den Weinkellern stimmen Sie sich ein auf ein abwechslungsreiches Programm von Aktivitäten, das auf dem Gut angeboten wird – vom Picknick bis zur Radtour durch die Reben.

Dann geht es noch einmal in die Wüste, zu den Mondlandschaften von Talampaya und Ischigualasto. **Nach 470 km auf der RN 40 erreichen Sie die Kreuzung mit der RN 76.** Dort finden Sie **vor dem Ort Villa Unión** Unterkunft für zwei Tage im ⓬ Hotel Pircas Negras *(47 Zi. | Tel. 03825 470611 | www.hotelpircasnegras.com | €€€)*. Am ersten Tag erkunden Sie den **an der RN 76** gelegenen ⓭ Nationalpark Talampaya → S. 70 mit seinen Felsmalereien. Am nächsten Tag fahren Sie **über die RN 76 und die RP 510** zum Eingang des ⓮ Naturparks Ischigualasto → S. 70 **bei San Agustín del Valle Fértil.** Tauchen Sie hier einen Tag lang in die versteinerte Welt der Dinosaurier ein! Übernachten Sie in der Hostería del Valle Fértil, um am nächsten Tag **über die RP 510, RN 141 und RN 20 bei Villa Media Agua wieder die RN 40 zu erreichen. Noch 100 km und Sie sind wieder in** ⓯ Mendoza.

Am Morgen nehmen Sie den **Flug nach Neuquén.** Mit dem Mietwagen kommen Sie **über die RN 22 und ab Zapala die RN 40** nach ⓰ San Martín de los Andes am Lácarsee, wo Sie **nur 100 m vom Ufer** entfernt im La Casa de Euge-

TAG 5–8

1570 km

❺ Salta

91 km

❻ Parque Nacional Los Cardones

66 km

❼ Cachi

157 km

❽ Cafayate

29 km

❾ Quebrada de las Conchas

TAG 9–10

1211 km

❿ Mendoza

35 km

⓫ Familia Zuccardi

TAG 11–14

503 km

⓬ Hotel Pircas Negras

76 km

⓭ Nationalpark Talampaya

195 km

⓮ Naturpark Ischigualasto

450 km

⓯ Mendoza

TAG 15–16

1187 km

⓰ San Martín de los Andes

191 km

17 San Carlos de Bariloche

TAG 17–18

1125 km

18 El Calafate

80 km

19 Perito-Moreno-Gletscher

TAG 19–21

2182 km

20 Puerto Pirámides

1395 km

1 Buenos Aires

nia *(9 Zi. | Coronel Díaz 1186 | Tel. 02972 42 72 06 | www.lceugenia.com | €€€)* komfortabel übernachten. Hier beginnt der wunderschöne INSIDER TIPP **Camino de los Siete Lagos**: Auf 110 km zieht er sich **an der RN 40 entlang;** dabei durchfahren Sie zwei Nationalparks und passieren neben den namengebenden sieben Seen weite Wälder und die schneebedeckten Gipfel der Patagonischen Anden. **Über Villa La Angostura sind es dann noch rund 100 km weiter bis 17 San Carlos de Bariloche → S. 97**. Im **Península Petit Hotel** finden Sie **auf der Halbinsel San Pedro** eine ruhige Unterkunft mit Blick auf den See Nahuel Huapi.

Ein Flug nach 18 El Calafate → S. 94 bringt Sie dann ins Gletschergebiet. Übernachten Sie in der **Hostería Cauquenes de Nimez**; dort werden Sie auch bestens beraten, um den Ausflug zum **19 Perito-Moreno-Gletscher → S. 94** zu planen.

Der Flug zur Península Valdés → S. 95 bringt Sie **über Feuerland, mit Zwischenlandung in Ushuaia** – INSIDER TIPP es lohnt, einen Fensterplatz zu buchen! **Ankunftsflughafen ist Trelew; von dort kommen Sie auf der RN 3 und – kurz nach Puerto Madryn rechts ab – der RP 2 nach 20 Puerto Pirámides → S. 96**, der einzigen Ortschaft auf der Halbinsel. Walbeobachtung ist hier von Mai bis November *das* große Erlebnis. Aber auch zu anderen Jahreszeiten gibt es mit Seeelefanten und Schwertwalen genug zu sehen. **Von Trelew aus fliegen Sie zurück nach 1 Buenos Aires** – und können dann stolz darauf sein, praktisch einmal rund um Argentinien gereist zu sein.

2 KAKTEEN, WEIN UND BERGWÜSTE IM NORDWESTEN

START: 1 San Miguel de Tucumán
ZIEL: 14 Salta

Strecke: knapp 700 km

4 Tage
reine Fahrzeit
12–16 Stunden

KOSTEN: ca. 1200 Euro/2 Personen im Doppelzimmer (Mietwagen, Benzin, Unterkünfte, Essen)
MITNEHMEN: Sonnenschutz; auch im Sommer warme Windjacke (am Abend kühlt das Höhenwetter stark ab)

Diese Tour durch kontrastreiche Landschaften führt Sie von der Metropole des Nordwestens über die Weingegend im Süden der Provinz Salta und durch Kakteenwälder bis zur Provinzhauptstadt Salta, genannt „die Schöne".

In ❶ **San Miguel de Tucumán**, Hauptstadt der kleinsten und am dichtesten bevölkerten Provinz Argentiniens, bewundern Sie zunächst die Prachtbauten um die Plaza Independencia aus der Zeit um 1900, als sich hier dank der Zuckerindustrie ein reiches Bürgertum bildete. **Über die Avenidas 24 de Septiembre und Mate de Luna** fahren Sie – erneut an vornehmen Villen vorbei – langsam den Hang der Sierra de San Javier hinauf. **Über die RP 338** erreichen Sie ❷ **Villa Nougués**, wo die Zuckerbarone sich auf gut 1000 m Höhe vom feuchten Stadtklima erholten. Auf der Terrasse der **Hostería Villa Nougués** *(RP 338 | Yerba Buena | Tel. 0381 15 5 23 55 69 | €€)* bewundern Sie mittags die Landschaft und lassen sich Forellen oder Empanadas schmecken.

Jetzt geht es **auf der RP 338** bergab in die Zuckerrohrplantagen. **Über die Straßen 301, 38 und 307** erreichen Sie das Tal Valle de Tafí. Der Weg führt zum Teil über steile Abhänge, die in den 1970er-Jahren Kampfgebiet zwischen linker Guerilla und Militär waren. **Am Eingang des Tafítals** befindet sich der ❸ **Parque de los Menhires**: Staunen Sie hier über die rund 50 Monolithen der Tafíkultur aus dem 4.–9. Jh., die auf dem Gelände zusammengebracht worden sind. **10 km weiter** haben Sie ❹ **Tafí del Valle** erreicht, wo Sie sich im Hotel **Mirador del Tafí** *(32 Zi. | RP 307 km 61,2 | Tel. 03867 42 12 19 | www.hotelmiradordeltafi.com.ar | €€)* für die Nacht einquartieren.

Weiter geht es **über die RP 307 und 357 bis zur RN 40 bei Amaichá del Valle, wo nach 17 km eine Abzweigung links über 5 km Schotterstraße** zu den ❺ **Ruinas de Quilmes** führt, den Ruinen der befestigten Stadt der Quilmesindianer. Achten Sie auf die ausgeklügelte Bewässerungskultur, die die Quilmes hier in Terrassenbauweise angelegt hatten. **Wieder auf der RN 40, erreichen Sie nach rund**

TAG 1

❶ San Miguel de Tucumán

27 km

❷ Villa Nougués

97 km

❸ Parque de los Menhires

10 km

❹ Tafí del Valle

TAG 2

108 km

❺ Ruinas de Quilmes

53 km

„Nur gucken, nicht anfassen" sollte Ihr Motto im Nationalpark Los Cardones sein

6 Cafayate

50 km 6 **Cafayate**. Hier wird aus den Torrontés-Trauben der aromatische Weißwein Saltas gekeltert. Lassen Sie sich den ein oder anderen Probeschluck nicht entgehen, z. B. im traditionsreichen Weingut INSIDER TIPP **Bodegas Etchart** *(RN 40 km 4338 | Tel. 03868 42 13 10 | www.bodegasetchart.com).* Zwischen Weinstöcken übernachten Sie im Resort **Viñas de Cafayate** *(22 Zi. | Tel. 03868 15 45 28 83 | www.cafayatewineresort.com | €€€)* **3 km vom Hauptplatz auf der 25 de Mayo in Richtung Divisadero.**

TAG 3

30 km

7 San Carlos

123 km

8 Colomé

82 km

9 Cachi

Von Cafayate geht es **– wieder auf der RN 40 –** zum historischen Jesuitendorf 7 **San Carlos** aus dem 16. Jh. und **ab da auf Schotter 136 km** durch INSIDER TIPP von Kondoren überflogene Mondlandschaften bis Cachi. Ein Abstecher **auf halbem Weg führt bei Molinos auf der RP 53** ins biodynamische Höhenweingut 8 **Colomé** → S. 74 mit dem Lichtmuseum von James Turrell. Das feine Restaurant mit regionaler Küche bietet noch einmal Gelegenheit zur Verkostung der lokalen Weine. In 9 **Cachi** → S. 74 steht mit der **Iglesia San José** aus Adobe und Kakteenholz eine der schönsten Kirchen des Nordwestens. Neben der Kirche können Sie sich mit Bier und Empanada **auf dem Haupt-**

platz des Orts von der Geländefahrt erholen. **Nur knapp 10 km weiter – nun wieder auf Asphalt – finden Sie in Payogasta** Unterkunft im umgebauten Landgut ⑩ **Sala de Payogasta** *(12 Zi. | RN 40 km 4509 | Tel. 0387 15 4527061 | www.saladepayogasta.com | €€)* **an der RN 40.** Hauseigene Weine sowie Ziegen- und Schafskäse stehen auf dem Tisch des guten Hotelrestaurants.

Auf der Weiterfahrt nach Salta geht es **auf der Landstraße 33 über eine Hochebene,** vorbei an den Vikunjas und Kandelaberkakteen des Nationalparks ⑪ **Los Cardones** → S. 73. Auf 3260 m Höhe, wo der enorme Mühlstein ⑫ **Piedra del Molino** geheimnisvollen Ursprungs am Wegrand steht, beginnt die steile ⑬ **Cuesta del Obispo**, eine Passstraße mit wunderbarer Aussicht, die 1200 Höhenmeter hinunter ins Lermatal führt. Durch Tabakplantagen **kommen Sie auf die RN 68, der Sie nordwärts nach** ⑭ **Salta** → S. 71 **folgen.**

10 km
⑩ Sala de Payogasta

TAG 4

44 km
⑪ Los Cardones
1 km
⑫ Piedra del Molino
1 km
⑬ Cuesta del Obispo
99 km
⑭ Salta

3 WASSER UND SÜMPFE IM TROPISCHEN NORDOSTEN

START: ① Corrientes ZIEL: ⑥ Cataratas del Iguazú	5 Tage reine Fahrzeit 14–16 Stunden
Strecke: gut 800 km	

KOSTEN: ca. 1500 Euro/2 Personen (Mietwagen, Benzin, Ausflüge, Unterkünfte, Verpflegung)

MITNEHMEN: Mückenschutz, Sonnenschutz, Badesachen, Wanderschuhe, Picknick, ggf. Zelt

ACHTUNG: In Esteros del Iberá gibt es weder Tankstellen noch Banken und es werden kaum Kreditkarten angenommen.

Auf dieser Tour lernen Sie Wasserlandschaften verschiedenster Art kennen: vom reißenden Fluss Paraná bei Corrientes über die naturbelassenen Sümpfe in Iberá und die produktive Wassernutzung mithilfe eines riesigen Staudamms bis zum Weltnaturerbe der Iguazúfälle.

TAG 1–2

1 Corrientes

191 km

2 Portal San Nicolás

In 1 **Corrientes** → S. 85 erstrecken sich an der Biegung des Río Paraná der **Parque Mitre** und die **Uferpromenade** mit netten Restaurants und herrlichem Blick auf den breiten Fluss. Hier kehren Sie ein, nachdem Sie durch den Park spaziert sind und auf einer zweistündigen Bootsfahrt mit **Paseos Pedro Canoero** *(Gobernador López 42 | Tel. 0379 4 92 29 99 | www.paseospedrocanoero.com.ar)* die Stadt vom Wasser aus wahrgenommen haben. **Von Corrientes aus fahren Sie das riesige Sumpfgebiet der Esteros del Iberá** → S. 82 **von der wenig besuchten Westseite an.**

Auf der Landstraße 5 erreichen Sie über San Miguel in gut vier Stunden das Naturschutzgebiet und kommen zum 2 **Portal San Nicolás** *(www.proyectoibera.org)*, einer ehemaligen *estancia*, die von Umweltschützern in einen Naturpark umgewandelt wurde. Dort bietet sich der beste Einblick in das rege Tierleben. Sogar der in Argentinien äußerst selten gewordene Jaguar wird dort in einem einzigartigen Projekt wieder eingeführt. Ganz nah bleiben Sie der Natur, wenn Sie sich hier für zwei Tage auf dem Campingplatz San Nicolás des von ortskundigen Bewohnern betriebenen Ökoturismusprojekts INSIDER TIPP **Yasí Berá**

Die Sümpfe sind kein Streichelzoo: Kaiman in den Esteros del Iberá

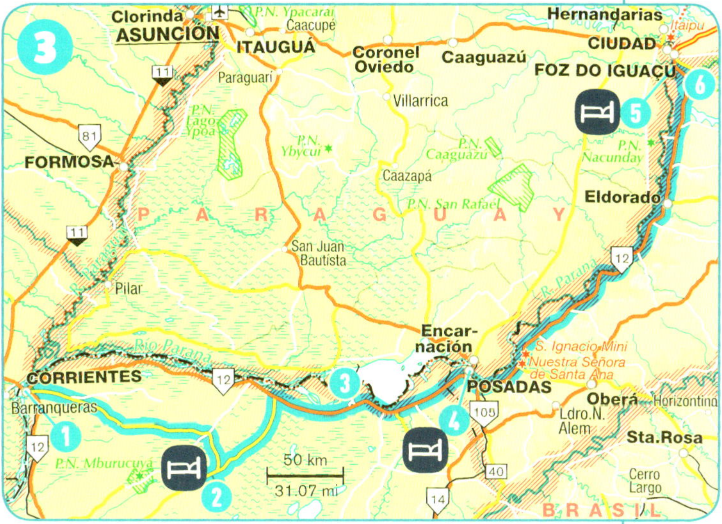

(Tel. 0379 15 4 73 84 63 | www.cooperativayasibera.com.ar) einquartieren. So haben Sie den ganzen nächsten Tag Zeit, den Park auf einem der Trekkingpfade zu erkunden oder sich je nach Angebot einer Bootsfahrt, einer Reit- oder Biketour anzuschließen. Wer kein Zelt dabeihat, findet in San Miguel im **Hospedaje Iberá** *(Av. San Martín 1809 | Tel. 03782 15 48 30 22 | gustavo_meineri@hotmail.com.ar | €)* eine saubere Unterkunft.

Via San Miguel geht die Fahrt nordöstlich auf der RN 118 und dann ostwärts auf der RN 12 durch eine amphibische Landschaft zwischen dem Río Paraná zur linken und dem Nordrand der Lagune zur rechten Hand weiter. **Von Ituzaingó machen Sie einen kurzen Abstecher an die Grenze zu Paraguay,** um den monumentalen Staudamm der **3 Entidad Binacional Yacyretá** *(Führungen 9, 11, 12.30 und 14 Uhr | www.eby.org.ar)* zu besichtigen. Ein Quartier für die Nacht finden Sie in **4 Posadas** → S. 84**, das Sie eine gute Stunde später erreichen.**

Auf der RN 12 durchfahren Sie die tropische Provinz Misiones und erreichen schließlich gegen Mittag **5 Puerto Iguazú** → S. 86 mit einer Fülle an Restaurants und Hotels. Von hier ist es nur noch ein Katzensprung zum Nationalpark **6 Cataratas del Iguazú** → S. 88. Erkunden Sie am Nach-

TAG 3

162 km

3 Entidad Binacional Yacyretá

97 km

4 Posadas

TAG 4–5

298 km

5 Puerto Iguazú

19 km

6 Cataratas del Iguazú

80 m stürzen die Fälle bei der Garganta del Diablo, dem „Teufelsschlund", in die Tiefe

mittag die Wasserfälle von den zwei Wanderwegen **Circuito Inferior** und **Circuito Superior** aus, für die Sie jeweils eine Stunde brauchen. Die eindrucksvolle **Garganta del Diablo**, zu der Sie am besten mit einem kleinen Bähnchen kommen, heben Sie sich für den nächsten Vormittag auf. Und zum krönenden Abschluss wandern Sie auf dem **Sendero Macuco** 7 km durch den Urwald des Nationalparks.

4 DIE PATAGONISCHEN SEEN

START: ① San Carlos de Bariloche
ZIEL: ⑪ Glaciar Perito Moreno

8 Tage
reine Fahrzeit
42–50 Stunden

Strecke:
gut 2450 km

KOSTEN: 3300 Euro/2 Personen im Doppelzimmer (Mietwagen, Benzin, Ausflüge, Unterkünfte, Verpflegung). Während der Hochsaison (Mitte Dez.–Feb.) sind viele Hotels um ca. 20 Prozent teurer.
MITNEHMEN: warme Kleidung (auch im Hochsommer!), Wanderschuhe, Sonnen- und Mückenschutz

ACHTUNG: Nur von November bis März durchführbar
Es gibt nur wenig Banken, Zahlungsmittel ist vor allem Bargeld. Scheibenschutz für Schotterstrecken ist ratsam. Wo immer möglich, volltanken.

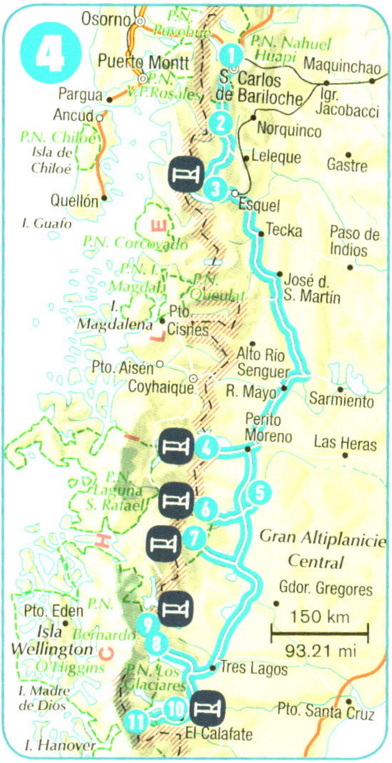

2600 Jahre alt ist diese Patagonische Zypresse im Nationalpark Los Alerces

Auf der patagonischen Seite der Anden reihen sich rund 40 Seen auf. Sie fahren von der idyllischen Waldlandschaft Nordpatagoniens bis zu den von Gletschern gesäumten Wüstengegenden im windigen Süden.

Als größtes touristisches Zentrum Patagoniens ist ❶ **San Carlos de Bariloche** → S. 97 ein idealer Startort. **Auf der RN 40 geht es zunächst nach** ❷ **El Bolsón**, ein Backpackerzentrum und seit den 1960er-Jahren Zuflucht einer Hippiekolonie. Gönnen Sie sich hier eine Erfrischung, z. B. ein Rauchbier aus der örtlichen Brauerei.

Über Epuyén geht es auf die Landstraße 71, die Sie zu den wunderbaren Seen im **Parque Nacional Los Alerces** mit seinen namengebenden, bis zu 3000 Jahre alten Lärchen führt. Die schönste Unterkunft, die ❸ **Hostería Futalaufquen** *(13 Zi. und 6 Bungalows | Tel. 02945 471008 | www.hosteriafutalaufquen.com | €€€)*, finden Sie **westlich von Esquel hinter Puerto Limonao** direkt am Westufer des Lago Futalaufquen.

TAG 1

❶ San Carlos de Bariloche

121 km

❷ El Bolsón

148 km

❸ Hostería Futalaufquen

Ahnen Sie, warum die Cueva de las Manos „Händehöhle" heißt?

Über Esquel am Südeingang des Nationalparks wagen Sie sich nun in den tiefen Süden bis in die Gletscherregion hinein. **Nach sieben bis acht Stunden Fahrt auf der Ruta 40** kommen Sie zum enormen **Lago Buenos Aires**. **Westwärts auf der Landstraße 43 am Seeufer entlang,** INSIDER TIPP übernachten Sie zwischen Kirschbäumen direkt an der chilenischen Grenze **in Los Antiguos** in der **4 Hostería Antigua Patagonia** *(16 Zi. | Tel. 02963 49 10 38 | www.antiguapatagonia.com.ar | €€–€€€).*

Beim Ort Perito Moreno erreichen Sie wieder die RN 40, der Sie weiter Richtung Süden folgen. Bei Bajo Caracoles zweigt nordostwärts die Zufahrt zur 5 Cueva de las Manos ab, einer vor allem mit vielen Handabdrücken faszinierend ausgemalten Höhle. **Zurück auf der RN 40, führt Sie nach wenigen Kilometern die Landstraße 39 über Schotter** zu den Seen **Lago Posadas** und **Lago Pueyrredón** am Fuß der schneebedeckten Andenkordillere. Übernachten Sie in der von Horacio Richards freundlich geführten **6 Hostería Río Tarde** *(7 Zi. | Las Lengas 450 | Lago Posadas | Tel. 02963 49 02 66 | www.riotarde.com.ar | €€).*

Erneut zurück auf der RN 40, wechseln Sie kurz vor Las Horquetas auf die RP 37 zum **Nationalpark Perito Moreno** (nicht verwechseln mit dem Gletscher Perito Moreno weiter südlich!). **Die Straße endet bei der riesigen 7 Estancia La Oriental** *(7 Zi. | Tel. 02962 15 40 71 97 | www.laorientalpatagonia.com.ar | €€€).* Hier übernachten Sie zünftig-rustikal in einem noch aktiven Landgut, auf Wunsch auch auf dem angeschlossenen Campingplatz.

Patagonien pur: Heute geht es fast 500 km weit durch karges Ödland, dessen hartes Gras Schafherden futtern. **Bei Tres Lagos biegt die Ruta 40 scharf nach Westen ab** in die Region der beiden südlichsten Seen, Lago Viedma und Lago Argentino, der beiden enormen Eingangstore zum **Parque Nacional Los Glaciares** → S. 94. **Kurz nach Tres La-**

TAG 2

639 km

4 Hostería Antigua Patagonia

TAG 3

229 km

5 Cueva de las Manos

159 km

6 Hostería Río Tarde

TAG 4

260 km

7 Estancia La Oriental

TAG 5–6

572 km

gos zweigt die RP 23 ab, die am Nordufer des Lago Viedma entlang nach 8 El Chaltén führt, dem Paradies der Trekker an der chilenischen Grenze am Fuß des Cerro Fitz Roy → S. 93. Besorgen Sie sich **im Touristenbüro an der Ortseinfahrt** die ausführlichen Informationen über alle Trekkingpfade im Gebiet. Viele beginnen nahe der 9 **Hostería El Pilar** *(10 Zi. | Tel. 02962 49 30 02 | www.hosteriaelpilar.com.ar | €€€)* **an einem versteckten Flussufer 17 km nördlich vom Ort.** Quartieren Sie sich dort für zwei Tage ein und unternehmen Sie am nächsten Tag eine Wanderung durch die eindrucksvolle Landschaft! Auch ein gutes Restaurant finden Sie in der Hostería.

Über die RN 40 und die westwärts abzweigende RP 11 erreichen Sie 10 El Calafate, wo Sie am Seeufer des Lago Argentino ein Zimmer in der Hostería Cauquenes de Nimez → S. 95 beziehen. Am nächsten Tag erwartet Sie dann einer der Höhepunkte der Tour: die Exkursion zum weltberühmten 11 Glaciar Perito Moreno → S. 94. Der Trekkingausflug mit Hielo y Aventura → S. 94 auf der blau schimmernden Eisfläche des Gletschers ist ein unvergessliches Erlebnis.

8 El Chaltén

15 km

9 Hostería El Pilar

TAG 7–8

241 km

10 El Calafate

81 km

11 Glaciar Perito Moreno

5 IM TIGREDELTA VOR DER HAUPTSTADT

START: 1 Buenos Aires ZIEL: 1 Buenos Aires	3 Tage reine Fahrzeit (Bahn und Schiff) ca. 5 Stunden
Strecke: rund 130 km	

KOSTEN: 420 Euro/2 Personen im Doppelzimmer (Transportkosten, Unterkunft, Verpflegung)

MITNEHMEN: Badesachen, Sonnen- und Mückenschutz

ACHTUNG: Auf der Inselwelt nur Barzahlung

Beim Baden im trüben Flusswasser Badeschuhe tragen, anderenfalls möglichst nicht auf den sumpfigen Boden treten, da nicht zu sehen ist, ob dort spitze oder scharfe Gegenstände liegen

Ein lohnender Abstecher vom Häusermeer der Großstadt auf die grünen Inseln in der Mündung des Río Paraná. Auf dem Weg in diese amphibische Wasserwelt passieren Sie einige Paläste der Patrizierfamilien, von denen Sie einen besonders interessanten besichtigen.

Um 11.30 Uhr nehmen Sie den Zug nach Tigre im Bahnhof Retiro in ① Buenos Aires. Ihr Zug fährt im Bahnhof der Gesellschaft Mitre (die linke der drei großen Bahnhofshallen) alle 15 Minuten an den Bahnsteigen 1–3 ab. INSIDER TIPP Setzen Sie sich an ein Fenster in Fahrtrichtung links: So erhaschen Sie unterwegs einen Blick auf die Villen der reichen Stadtviertel im Norden der Stadt und – zwischen Vicente López und Olivos – auf die Präsidentenresidenz.

Nach 42 Minuten Fahrt steigen Sie in ② Beccar zum Besuch eines Patrizierpalasts aus. Überqueren Sie die Schienen, gehen Sie die Calle Presidente Uriburu sieben Blocks ostwärts Richtung Fluss und dann auf der Calle Elortondo wenige Meter rechts zur Villa Ocampo *(Fr–So 12.30–19 Uhr | 70 Pesos | www.unescovillaocampo.org)*. In der Sommerresidenz der Schriftstellerin und Mäzenin Victoria Ocampo (1890–1979) waren ihre Freunde Jorge Luis Borges, Rabindranath Tagore und Antoine de Saint-Exupéry zu Besuch, Igor Strawinsky spielte an ihrem Klavier. Das Haus mit herrlichem Park am Flusshang wird heute von der Unesco verwaltet, die aristokratischen Räume beherbergen verschiedene Ausstellungen. Den Besuch beschließen Sie bei einem Mittagessen auf der Veranda mit Blick auf den Garten.

TAG 1

① Buenos Aires

21 km

② Beccar

9 km

③ Tigre

Vom Bahnhof Beccar sind es noch fünf Stationen bis nach ③ Tigre **→ S. 53****. 300 m rechts am Fluss entlang, erreichen Sie den Flusshafen Estación Fluvial.** Dort finden Sie neben einer Infostelle die Schalter von Interisleña, wo Sie Ihr Ticket für die erste Fahrt am nächsten Tag nach Los Pecanes kaufen. **Dann gehen Sie über die Brücke aufs andere Ufer des Río Tigre und schlendern die Uferstraße nach rechts entlang. Bei der Mündung in den Río Luján biegen Sie links ab und kommen nach rund 900 m zum Hotel Villa Julia** *(6 Zi. | Paseo Victorica 800 | Tel. 011 47 49 06 42 | www.villajuliaresort.com.ar | €€)*, in dem Sie mit Glück ein Zimmer mit Blick auf den Fluss erwischen. Im Restaurant **Il Novo María del Luján** *(Paseo Victorica 511 | Tel. 011*

47 31 96 13 | www.ilnovomariadellujan.com | €€) essen Sie direkt am Fluss zu Abend.

Am nächsten Morgen geht es um 8.30 Uhr von der Estación Fluvial aus mit der *lancha colectiva*, dem Flussbus, in 90 Minuten zur ④ Hostería Los Pecanes → S. 53. Langsam geht es von der intensiv befahrenen Wasserstraße des Río Luján über diverse Flussläufe und den Las-Palmas-Arm des breiten Río Paraná in die einsamere, Segunda Sección genannte Gegend des Tigredeltas. Die Ruhe inmitten der üppigen Vegetation und verschiedene Kolibriarten, die zu den Honignäpfen am Haus angeschwirrt kommen, machen einen Aufenthalt in Los Pecanes unvergesslich. Ob Sie den Rest des Tages mit Kanu- und Bootsfahrten (auch bei Nacht!) durch stille Flussarme oder mit einer Wanderung über die Insel verbringen oder einfach nur baden und faulenzen, entscheiden Sie nach Lust und Laune.

Am Nachmittag geht es mit der letzten *lancha colectiva* (16.30, Sa/So 18.30) der Reederei Interisleña wieder zum Flusshafen in ⑤ Tigre. Zurück in die Stadt nehmen Sie jetzt einen anderen Zug, den Tren de la Costa, dessen Bahnhof vom Anleger 300 m in entgegengesetzter Richtung an der Calle Vivanco liegt. Die Bahn fährt näher an der Küste entlang und erreicht nach 25 Minuten die Endstation Avenida Maipú. Dort kommen Sie über eine Brücke an den Anschlussbahnhof Bartolomé Mitre und von dort sind Sie in 40 Minuten wieder in ① Buenos Aires am Bahnhof Retiro.

TAG 2

37 km

④ Hostería Los Pecanes

TAG 3

33 km

⑤ Tigre

33 km

① Buenos Aires

lancha colectiva: So heißen die „Flussbusse", die im Tigredelta kreuzen

SPORT & WELLNESS

Die Vielfalt der argentinischen Landschaft ermöglicht eine ebensolche Vielfalt an sportlichen Aktivitäten in der Natur. Vom Reiten, das sich in der Weite der Pampa fast als Lebensstil entwickelte, bis zum Bergsteigen in den Anden oder dem Fischen im Atlantik, in den subtropischen Flüssen des argentinischen Mesopotamien oder in den kalten Seen in Patagonien. Die Monatszeitschrift Tiempo de Aventura *(www.revistaaventura.com.ar)* bringt zuverlässiges Material über sportliche Aktivitäten im ganzen Land.

ANGELN

In den zahlreichen Seen und Flüssen der patagonischen Anden werden Forellen und Lachse geangelt – z. B. in den INSIDER TIPP nordpatagonischen Seen und Flüssen um Aluminé, an deren Ufern die patagonische Araukarie wächst *(Achala Experience | Tel. 03541 15 57 81 20 | www.achalaoutfitters.com | 350 Dollar pro Tag und Person)*. Von November bis Ende April werden sechstägige Exkursionen auf Schlauchbooten den Río Aluminé flussabwärts organisiert sowie Tagesausflüge auf den Seen Rucachoroi, Ñorquinco und Quillén.

Vom Hafen in Mar del Plata legt das Fischerboot *Fortuna (Tel. 0223 154 17 82 01 | Turimar | Centro Comercial del Puerto | 1450 Pesos inkl. Angelgerät)* zum Lachsfang im Atlantik ab. In Goya in der Provinz Corrientes starten mehrtägige Touren auf den Flussarmen des Paraná, um den kämpferischen *dorado* oder den bis

„Ab in die Pampa": Reiter dürfen das ganz wörtlich nehmen, alle anderen bevorzugen Anden und Atlantik für naturnahe Aktivitäten

zu 70 kg schweren *surubí* zu fischen. Zu den erfahrensten Guides für Angelausflüge in Goya zählt *Carlos Scheller (Tel. 03777 42 36 32)*. In Paraná in der Provinz Entre Ríos ziehen die traditionellen Flussfischer auf ihren schlanken Booten durch die Inselwelt und teilen auf Tagesausflügen *(Baqueanos del Río | Muelle 2 hinter der Tourismus-Infostelle | Puerto Nuevo | Paraná | Tel. 0343 156112170)* ihre Kenntnisse der Natur mit den Reisenden. Es geht nicht nur ums Angeln, sondern auch um die Geheimnisse des Río Paraná, die üppige Vegetation und den Gesang der einheimischen Vögel auf den Inseln. Und in der Mittagspause genießen Sie gegrillten Fisch nach lokaler Zubereitungsart in der Flusseinsamkeit.

BERGSTEIGEN

Neben den bekannten Bergsteigerzielen in Mendoza und Patagonien *(Fitz Roy Expediciones | San Martín 56 | El Chaltén | Tel. 02962 49 3178 | www.fitzroyexpediciones.com.ar)* bietet Catamarca im Nordwesten eine eigenartige Landschaft, in der alle Farben der Erde aufleuchten. Hier können Sie **INSIDER TIPP** mehrere Fünf- und Sechstausender erklimmen. Auf diesen Gipfeln üben sich viele Himalajaexpeditionen. Bereits auf der Landstraße von Fiambalá zum Grenzpass Paso de San Francisco kommt man auf 4750 m Höhe. Auskunft und Kontakt: *Alta Catamarca | Esquiú 433 | Catamarca | Tel. 0383 4 43 03 33 | www.altacatamarca.tur.ar*

FUSSBALL

In Argentinien wird auf praktisch jedem freien Platz Fußball gespielt. Freunde, aber auch zufällige Passanten treffen sich auf mehr oder weniger improvisierten Plätzen in Parks und Sportclubs, am Strand oder in Sporthallen.

LAUFEN

Ende September/Anfang Oktober findet der Marathon von Buenos Aires statt *(Tel. 011 45 73 30 04 | www.maratondebuenosaires.com | Information in Deutschland: Reallatino Tours | Tel. 0341 6 04 49 55 | www.reallatino-tours.com),* aber fast jedes Wochenende (mit Ausnahme der heißesten Sommermonate Januar/Februar) werden auf den Straßen verschiedener Städte Laufwettbewerbe veranstaltet, die zumeist auch für Freizeitläufer offenstehen. In Berglandschaften wie in Mendoza und La Rioja werden Geländeläufe in verschiedenen Etappen organisiert, die Geschicklichkeit im Cross-Country-Laufen, im Mountainbiken, Reiten, Rafting und Trekking erfordern. Auskunt und Kontakt: *Club de Corredores | Av. Monroe 916 | Buenos Aires | Tel. 011 47 80 10 10 | www.clubdecorredores.com*

REITEN

Auf jeder dem Tourismus geöffneten *estancia* und in vielen Touren durch die Berge wird in Argentinien geritten. Sattel und Reitstil der Gauchos auf dem Land

Im Land der Gauchos ist Reiten natürlich eine Paradedisziplin

sind anders als beim Dressurreiten, das in den zahlreichen Reitclubs in Buenos Aires gelehrt wird *(Club Alemán de Equitación | Dorrego 4045 | Buenos Aires | Tel. 011 47 78 70 60 | www.clubalemandeequitacion.com | 10 Euro/Std.)*. In der Weite des Flachlands der Pampa wird der direkte Übergang vom Schritt zum Galopp ohne Traben bevorzugt, in einer lockeren Körperhaltung auf dem Sattel, die ein leichtes Abspringen ermöglicht, falls das Pferd stolpert. Und überall im Land werden Ausritte angeboten, von der einfachen Runde ums Dorf bis zur anspruchsvollen Andenüberquerung.

SEGELFLIEGEN & BALLONFAHREN

Die Weite der argentinischen Pampa bietet INSIDER TIPP gute Gelegenheiten zum Segelfliegen. In vielen kleinen Städten der Provinz Buenos Aires gibt es Fliegerclubs, die Gäste mitnehmen. Vom *Club de Planeadores (Autobahn Panamericana km 87,5 | Tel. 011 15 61 47 63 44 | www.cpz.com.ar | Jungfernflug 1500 Pesos)* in Zárate starten die Ballons und die Segelflugzeuge des deutsch- und englischsprachigen Teams um den ehemaligen Segelflugweltmeister Rolf Hossinger. In Luján 60 km von Buenos Aires werden von März bis November täglich Ballonfahrten über die Pampa angeboten *(Argentina Extrema | Fondo de la Legua 425 | Local 16 | San Isidro | Tel. 011 47 66 31 70 | www.argentinaextrema.com)*.

SEGELN

Im Río de la Plata, breit wie ein Meer, aber im Allgemeinen ruhig wie ein See, sind am Wochenende große Scharen von Segelbooten unterwegs. Der lehmige, nur wenige Meter tiefe Grund erschwert aber die Navigation außerhalb der ausgebaggerten Kanäle. Auskunft und Kontakt: *Club Náutico San Isidro | Av. Mitre 1999 | San Isidro | Tel. 011 47 32 06 00 | www.cnsi.org.ar; Club Náutico Olivos | Puerto de Olivos | Tel. 011 47 99 87 88 | www.nauticoolivos.org.ar; Yacht Club Argentino | Viamonte/Río de la Plata | Dársena Norte | Buenos Aires | Tel. 011 43 14 05 05 | www.yca.org.ar; Federación Argentina de Yachting | Tel. 011 43 42 63 58 | www.fay.org*

TAUCHEN

Die Gewässer des Atlantischen Ozeans vor Puerto Madryn und um die Halbinsel Valdés gelten als das INSIDER TIPP beste Tauchrevier der argentinischen Küste, geeignet sowohl für Experten als auch für unerfahrene Taucher. Zahlreiche Fische, manchmal auch Wale und Seelöwen, drei Schiffswracks und Algenwälder in Tiefen zwischen 4 und 30 m kennzeichnen die submarine Landschaft. Auskunft und Kontakt: *Scuba Duba | Boulevard Almirante Brown 893 | Puerto Madryn | Tel. 0280 4 45 26 99 | www.scubaduba.com.ar*

THERMALBÄDER

Vor allem aus der vulkanreichen Andenkordillere und aus dem Basalt an den Ufern des Río Uruguay entspringt Thermalwasser. Um diese Quellen haben sich in Copahue und Lahuen Co (Neuquén), Cacheuta und Los Molles (Mendoza), Pismanta (San Juan) und Fiambalá (Catamarca) im Westen Argentiniens sowie in Gualeguaychú, Chajarí, Colón und Federación (Entre Ríos) im Osten Thermalbäder mit auf Wellness spezialisierten Hotels gebildet. Das bis zu 40 Grad heiße Wasser wirkt außerordentlich erholsam und entspannend, sei es in therapeutischen Anwendungen, sei es in Swimmingpools und in Wasserspielen für

MIT KINDERN UNTERWEGS

Argentinier sind im Allgemeinen ausgesprochen kinderfreundlich. Kinder werden auf der Straße, in Geschäften oder in Bussen und Bahnen oft von unbekannten Erwachsenen mit Sympathie angesprochen. Mitteleuropäische Kinder schrecken manchmal zurück, wenn sie nach ihren Maßstäben zu vertraulich begrüßt, geküsst oder betätschelt werden. Es ist einfach, auf dem Spielplatz mit anderen Kindern eine spontane Freundschaft anzuknüpfen – für die Jungs ist das Fußballspiel auf jedem freien Platz der Anfang fast aller Beziehungen.

Kinder nehmen auch überall im Land am Leben teil, im Restaurant, auch bis spätabends, beim Einkaufen, in Ferienzentren und bei der Freizeitgestaltung. Aber auch im Zeichen der Armut stehen leider die Kinder im Vordergrund: An vielen Straßenkreuzungen bitten sie um eine Münze, verkaufen Kleinigkeiten in der U-Bahn oder jonglieren den ganzen Tag mit ein paar Bällen vor den Autos, die an einer roten Ampel warten.

Auf Reisen nach und in Argentinien gibt es kaum Hindernisse für Kinder. In Buenos Aires kommt ein großes kulturelles Angebot hinzu. So veranstalten einige Museen manchmal Sonderausstellungen für Kinder. Die Theatergruppen *La Arena (www.circoarena.com.ar)* und *La Galera Encantada (www.lagaleraencantada.com.ar)* bringen in Buenos Aires Inszenierungen auf die Bühne, die sich mit Akrobatik und Komik gelungen über sprachliche Barrieren hinwegsetzen. Auch das Theater Colón legt jede Saison ein neues Kinderprogramm (Oper, Ballet und Konzerte) auf. Und in der *Ciudad Cultural Konex (Sarmiento 3131 | www.cckonex.org)* gibt es Film, Musik, Theater und Kunst für Kinder und Erwachsene.

BUENOS AIRES

BIBLIOTECA LA NUBE (0) *(🕮 0)*

Die große Kinderbibliothek veranstaltet auch zahlreiche Aktivitäten, am Wochenende z. B. Puppen- und Kindertheater. *Mo–Fr 10–19, Sa 10–13 Uhr | Jorge Newbery 3537 | Tel. 011 45 52 40 80 | lanubecultura.wixsite.com/lanube*

CENTRO CULTURAL DE LA CIENCIA (0) *(🕮 b3)*

Ein interaktives Museum, in dem die Wissenschaft im historischen Umfeld ihrer Entdecker und Entwickler erlebt wird. Zahlreiche Workshops und Veranstaltungen. *Fr–So 13–19.30 Uhr | Eintritt frei | Godoy Cruz 2270 | ccciencia.gob.ar*

Ein großes Land für Kleine: Im kinderfreundlichen Argentinien sind Kinder im Alltag wie selbstverständlich überall dabei

MUSEO DE LOS NIÑOS (0) (🕮 d6)
Im „Museum der Kinder" im 2. Stock des Shoppingzentrums Abasto dürfen die Kinder allerlei Berufe ausüben. *Di–So 13–20 Uhr | 60 Pesos, Kinder 200, Sa/So 240 Pesos | Corrientes 3247 | www.museoabasto.org.ar*

TEATRO SAN MARTÍN (0) (🕮 f6–7)
Das Theater besitzt ein festes Puppenspielerensemble, das erstklassige Inszenierungen bietet. *Corrientes 1530 | Tel. 011 43 71 01 11 | www.complejoteatral.gob.ar*

TECNÓPOLIS (0) (🕮 0)
Eine Art Expo Argentina, bei der auf einem 60 ha großen Ausstellungsgelände von Juli bis November unterschiedlichste technische, wissenschaftliche und künstlerische Errungenschaften des Landes anschaulich dargestellt werden. *Mi–So 12–20 Uhr | Eintritt frei | Av. General Paz/Av. Constituyentes | www.tecnopolis.gob.ar*

DAS ZWEISTROMLAND

ISLA DE LOS INVENTOS IN ROSARIO
(146 B2) (🕮 D7)
In einer ehemaligen Bahnhofshalle erleben Kinder spielend die Herstellungsprozesse zahlreicher Industrieprodukte, die Dynamik des Bahnverkehrs und einige Gesetze der Physik. *Fr–So 14–19 Uhr | 20 Pesos | Corrientes/Wheelwright*

PATAGONIEN

INSIDER TIPP **MUSEO PALEONTOLÓGICO EGIDIO FERUGLIO IN TRELEW**
(139 D2) (🕮 C10)
Didaktisch hervorragend gemachte Ausstellung nicht nur für Dinosaurierfreunde – hier können Sie die letzten 300 Mio. Jahre der patagonischen Erdgeschichte in übersichtlichen Szenen mit einzigartigen Exponaten nachvollziehen. *Sept.–März tgl. 9–19, April–Aug. Mo–Fr 9–18, Sa/So 10–19 Uhr | 175 Pesos, Kinder 130 Pesos | Av. Fontana 140 | www.mef.org.ar*

EVENTS, FESTE & MEHR

EVENTS & NEWS → S. 2/3

LOKALE FESTE & VERANSTALTUNGEN

JANUAR

Dem Chamamétanz ist die ***Fiesta Nacional del Chamamé*** Mitte Januar in Corrientes gewidmet. *www.fiestanacionaldelchamame.com*

Indianisch geht es auf der ***Feria Artesanal de los Valles Calchaquíes*** in San Carlos bei Salta Mitte des Monats zu: Es gibt handgewebte Stoffe, Ponchos und viel Musik.

In Cosquín (Córdoba) findet während der zweiten Monatshälfte das wichtigste Folklorefestival des Landes mit renommierten Künstlern statt, die ***Fiesta Nacional del Folklore.*** *www.aquicosquin.org*

FEBRUAR

In Salta und Jujuy feiert man ***Karneval*** mit bunten Masken und rituellen Tänzen. Auch in Corrientes wird ausgiebig ***Karneval*** gefeiert.

In ungeraden Jahren kommt das ***Festival Internacional de Buenos Aires (FIBA)*** auf die Bühnen der Hauptstadt. *festivales.buenosaires.gob.ar*

Auf dem Messegelände Tecnópolis findet Ende Februar das internationale Kindertheatertreffen ***Soy Festival!*** statt.

Die Modewelt kommt Ende Februar zur ***Fashion Week*** nach Buenos Aires. *www.bafweek.com.ar*

MÄRZ

Zu Monatsanfang feiert Mendoza die ***Fiesta Nacional de la Vendimia,*** das Fest der Weinlese. *www.vivivendimia.com.ar*

In El Chaltén zu Füßen des Fitz-Roy-Massivs findet Ende März ein Wandererfestival statt, die ***Fiesta Nacional del Trekking.***

OSTERN

In Cachi und vielerorts in der Region Jujuy indianisch beeinflusste ***Osterfeierlichkeiten***

In Mendoza ***Festival Música Clásica por los Caminos del Vino*** mit Konzerten in Weinkellern und Kirchen. *www.caminosdelvino.com*

APRIL

Beim ***Festival Internacional de Ushuaia*** spielen renommierte Musiker aus aller Welt. *www.festivaldeushuaia.com*

Festival Internacional de Cine Independiente in Buenos Aires. *bafici.gov.ar*

Über 1 Mio. Menschen besuchen alljährlich die ***Feria Internacional del Libro,*** die Buchmesse von Buenos Aires, mit zahlreichen Kulturveranstaltungen. *el-libro.org.ar*

MAI

Mehrere Hundert Kinder aus aller Welt singen und musizieren beim Festival ***Iguazú en Concierto*** vor den Wasserfällen. *www.iguazuenconcierto.com*

JULI

Beim INSIDER TIPP ***Concurso de la Empanada Salteña*** in Salta werden an über 100 Ständen vielerlei *empanadas* angeboten.

AUGUST

Die ***Pachamama*** wird in vielen Orten im Nordwesten am 1. Aug. gefeiert.
In Buenos Aires ***Tango Festival y Mundial*** mit Konzerten, freien Tanzstunden und Tangowettbewerben überall in der Stadt. *festivales.buenosaires.gob.ar*

OKTOBER

In der zweiten Woche zeigt die ***Fiesta Nacional de la Orquídea*** in Montecarlo (Misiones) unzählige Orchideen.

NOVEMBER

Zu Monatsanfang öffnen alle Museen in Buenos Aires die Türen bis nach Mitternacht in der ***Noche de los Museos.***
In der zweiten Monatshälfte findet in Mar del Plata das ***Internationale Filmfestival*** statt. *www.mardelplatafilmfest.com*

FEIERTAGE

1. Jan.	Neujahr
Februar/März	Rosenmontag, Fastnachtsdienstag
24. März	Gedenktag für die Opfer der Diktatur
März/April	Karfreitag
2. April	Tag der Gefallenen im Falklandkrieg
1. Mai	Tag der Arbeit
25. Mai	Erste Nationalregierung 1810
20. Juni	Todestag von General Manuel Belgrano
9. Juli	Unabhängigkeitstag
17. Aug.	Todestag von General José de San Martín
12. Okt.	Tag der kulturellen Diversität
20. Nov.	Tag der nationalen Staatshoheit
8. Dez.	Mariä Empfängnis
25. Dez.	Weihnachten

Einige Feiertage werden auf den nächstgelegenen Montag verlegt oder es werden Brückenfeiertage festgesetzt, um den Wochenendtourismus zu fördern.

LINKS, BLOGS, APPS & CO.

LINKS & BLOGS

www.todotango.com Alles über Tango, mit Veranstaltungskalender und Audiodateien

buenosairesstreetart.com Die Straßen von Buenos Aires sind mit ihren vielen halbverlassenen Gebäuden ein Magnet für Graffitimaler aus aller Welt. Die Community von BA Street Art dokumentiert diese vergängliche Kunst, gibt präzise Ortsangaben, ausführliche Informationen über die Künstler und organisiert Führungen (20 Dollar/Person)

www.argentinewines.com, www.caminosdelvino.org.ar Alles Wissenswerte über argentinischen Wein

www.kunstinargentinien.com Das Team um die Journalistin Susanne Franz bietet ein aktuelles Panorama über bildende Kunst, Musik, Theater, Film, Mode und Design und Literatur

pickupthefork.com Allie Lazar kam als Vegetarierin aus Chicago nach Argentinien. Hier verführte sie jedoch das Fleisch vom Grill in den zahlreichen *parrillas.* Heute schreibt sie über ihr Leben als *food lover* in Buenos Aires, mit Infos über Essgewohnheiten und neue Trends, mit Restaurantrezensionen und Rezepten

www.surdelsur.com Ausführliche Informationen u. a. zur Geschichte und Landeskunde

www.saltshaker.net Kulinarisch ausgerichteter Blog eines in Argentinien lebenden US-Amerikaners mit zahlreichen Tipps für Buenos Aires

www.marcopolo.de/argentinien Ihr Online-Reiseführer mit allen wichtigen Informationen, Highlights und Tipps, interaktivem Routenplaner, spannenden News und Reportagen sowie inspirierenden Fotogalerien

Egal, ob für Ihre Reisevorbereitung oder vor Ort: Diese Adressen bereichern Ihren Urlaub. Da manche sehr lang sind, führt Sie der short.travel-Code direkt auf die beschriebenen Websites. Falls bei der Eingabe der Codes eine Fehlermeldung erscheint, könnte das an Ihren Einstellungen zum anonymen Surfen liegen

www.pubcrawlba.com Über Facebook werden die Termine abgemacht, um das Nachtleben in den Bars zu erleben. Die Guides sind Argentinier, die gut Englisch sprechen, oder Ausländer, die sich gut in Buenos Aires auskennen. Es geht von der Plaza Armenia von einer Theke zur anderen in Palermo, immer in größeren Gruppen von Touristen und *porteños*

www.derechos.org/nizkor/arg und short.travel/arg15 Wer sich über das Schicksal der Opfer der Militärdiktatur informieren möchte, findet hier reiches Material

APPS

BA Turismo Smartphone-Reiseführer über Buenos Aires, eine App der städtischen Touristenbehörde

Encontralo – Argentina's Travel Guide Über 270 000 POIs, nach Nähe zum gegenwärtigen Standort geordnet

BA Wifi Verbindet mit den öffentlichen Hotspots der Hauptstadt

BA Taxi App Ein Taxi bestellen, die Kosten der geplanten Fahrt und die geschätzte Fahrzeit berechnen – alle drei Essentials erledigt diese App

Restorando App über das Restaurantangebot in Buenos Aires und Córdoba, mit Reservierungskontakt und Rabatten

BA Cómo Llego Zeigt den Weg zu allen Zielen in Buenos Aires und wie man am besten hinkommt

VIDEOS

short.travel/arg9 Wenn Sie es nicht schaffen, gerade zum nächsten Ausbruch am Perito-Moreno-Gletscher zu sein: Hier sehen Sie ein paar spektakuläre Bilder vom Ausbruch 1988

short.travel/arg7 Ein Youtube-Clip mit stimmungsvollen Bildern vom Tangofestival 2017 in Buenos Aires

PRAKTISCHE HINWEISE

ANREISE

Lufthansa fliegt täglich nonstop von Frankfurt nach Buenos Aires, Air France-KLM von Paris täglich bzw. von Amsterdam viermal pro Woche. Aerolíneas Argentinas verkehrt von Madrid nach Buenos Aires. Iberia fliegt mit Stopp in Madrid nach Buenos Aires. Norwegian fliegt ab London, Barcelona und Madrid zu besonders günstigen Preisen. Je nach Fluggesellschaft und Saison sollten Sie mit 700 bis ca. 1300 Euro rechnen. Die Flugzeit von Frankfurt beträgt 14–20 Stunden. In Buenos Aires kommen Sie auf dem internationalen Flughafen *Ezeiza* 35 km außerhalb der Stadt an. Der Stadtflughafen *Aeroparque Jorge Newbery* liegt in entgegengesetzter Richtung 6 km nördlich vom Stadtzentrum. Bei Ankunft im Flughafen Ezeiza INSIDER TIPP nur in der staatlichen Banco Nación Geld tauschen, die privaten Wechselstuben nehmen einen unerhörten Zuschlag! Von Ezeiza in die Innenstadt braucht ein Taxi etwa 35 Minuten. Mit dem privaten Busservice Manuel Tienda León *(www.tiendaleon.com.ar)* oder den Taxiagenturen Vip Cars bzw. Taxi Ezeiza (in der Ankunftshalle) fährt man sicher in die City (ca. 11 bzw. 30 Euro).

GRÜN & FAIR REISEN

Auf Reisen können auch Sie viel bewirken. Behalten Sie nicht nur die CO_2-Bilanz für Hin- und Rückreise im Hinterkopf *(www.atmosfair.de; de.myclimate.org)* – etwa indem Sie Ihre Route umweltgerecht planen *(www.routerank.com)* – , sondern achten Sie auch Natur und Kultur im Reiseland *(www.gate-tourismus.de; www.ecotrans.de)*. Gerade als Tourist ist es wichtig, auf Aspekte wie Naturschutz *(www.nabu.de; www.wwf.de)*, regionale Produkte, wenig Autofahren, Wassersparen und vieles mehr zu achten. Wenn Sie mehr über ökologischen Tourismus erfahren wollen: europaweit *www.oete.de*; weltweit *www.germanwatch.org*

AUSKUNFT

Allgemeine Auskünfte und Broschüren erhalten Sie in größeren Reisebüros. Außerdem kann man sich an die *Argentinische Botschaft (Abteilung für Tourismus | Kleiststr. 23–26 | 10787 Berlin | Tel. 030 22668952 | short.travel/arg11)* oder an die *Arbeitsgemeinschaft Lateinamerika (Bahnhofstr. 53 | 61118 Bad Vilbel | Tel. 06101 9954030 | www.lateinamerika.org)* wenden. Die Website des argentinischen Tourismusministeriums *(www.turismo.gov.ar)* bietet ausführliche allgemeine Information, desgleichen die Website *www.welcomeargentina.com.* Eine gute Suchmaschine ist *www.lanacion.com.ar.* Infos zu den Museen in Argentinien finden Sie auf *www.cultura.gob.ar,* in Buenos Aires auf *www.buenosaires.gob.ar/museos.* Alle Provinzen Argentiniens unterhalten außerdem Informationsbüros in Buenos Aires.

AUTO & MIETWAGEN

Mietwagen sind in jeder größeren Stadt zu bekommen, ein internationaler Führerschein ist nicht erforderlich. Es empfiehlt sich, eine Vollkaskoversicherung abzuschließen. Ein Kleinwagen kostet etwa 50 Euro pro Tag inklusive Versicherung und 200 Freikilometern. Eine Buchung in Deutschland ist oft erheblich günstiger.

Die Geschwindigkeitsbegrenzungen – in Ortschaften 40 bzw. 60, auf Landstraßen 80–110, auf Autobahnen bis 130 km/h – werden streng kontrolliert. Die Promillegrenze liegt bei 0,5. Das Mitführen von Warndreieck und Feuerlöscher ist Pflicht – bei Mietwagen kontrollieren! Da die Vorfahrtsregeln oft nicht eingehalten werden, unbedingt Blickkontakt zu den anderen Verkehrsteilnehmern herstellen! Wer sich traut, fährt zuerst.

Tankstellen sind von 7 bis 23 Uhr geöffnet, in größeren Städten und auf Autobahnen auch rund um die Uhr. An argentinischen Tankstellen gibt es nur selten Selbstbedienung. In Patagonien und Feuerland wird das Benzin von der Regierung subventioniert und kostet rund 30 Prozent weniger als im Rest des Landes.

Beim argentinischen Automobilclub *ACA – Automóvil Club Argentino (Buenos Aires | Av. del Libertador 1850 | Tel. 011 48 08 40 40 | www.aca.org.ar)* kann man zuverlässige Straßenkarten erwerben und auch als Tourist Mitglied werden. Neben der international üblichen technischen Hilfeleistung des Clubs können Sie so auch den Preisnachlass für Mitglieder in zahlreichen Hotels des Landes in Anspruch nehmen.

BANKEN & GELD

Die argentinische Währung ist der Peso. Da Peso und Dollar gleich abgekürzt werden ($), sollten Sie stets prüfen, um welche Währung es sich handelt; allgemein wird aber in Pesos gehandelt. Es empfiehlt sich, erst in Argentinien Geld (am praktischsten: Dollar) zu wechseln. Im Süden des Landes ist das Preisniveau höher als in Buenos Aires.

WÄHRUNGSRECHNER

€	ARS	ARS	€
1	26	10	0,38
2	53	20	0,76
3	79	30	1,14
4	106	40	1,52
5	132	50	1,89
6	158	60	2,27
7	185	70	2,65
8	211	80	3,03
9	237	90	3,41

Die Öffnungszeiten der Banken sind unterschiedlich, in Buenos Aires Mo–Fr 10–15 Uhr. Bei den zahlreichen Geldautomaten kann man zwar mit ec-Karten Pesos ziehen, aber zumeist nur mit hoher Provision. Probleme ergeben sich öfters beim Einlösen von Reiseschecks. Mit den gängigen Kreditkarten können Sie dagegen in vielen Restaurants, Hotels und Geschäften bezahlen und sich Bargeld von der Bank auszahlen lassen.

Ein großes Problem ist die starke Inflation. Wo in diesem Band Preise in Pesos angegeben sind, müssen Sie mit einem z. T. deutlichen Anstieg rechnen.

CAMPING

Die schönsten Campingplätze findet man fast immer in den Nationalparks, jedoch verfügen sie nur zum Teil über Dusch- und Kochgelegenheiten. Außerhalb der Städte ist in Argentinien auch wildes Zelten erlaubt. *www.voydecamping.com.ar, www.solocampings.com.ar*

DIPLOMATISCHE VERTRETUNGEN

DEUTSCHE BOTSCHAFT

Villanueva 1055 | Buenos Aires | Tel. 011 47 78 25 00 | www.buenos-aires.diplo.de

ÖSTERREICHISCHE BOTSCHAFT

French 3671 | Buenos Aires | Tel. 011 48 09 58 00 | www.bmeia.gv.at/botschaft/buenos-aires.html

SCHWEIZER BOTSCHAFT

Av. Santa Fe 846 | 12. Stock | Buenos Aires | Tel. 011 43 11 64 91 | www.eda.admin.ch/buenosaires

EIN- & AUSREISE

Deutsche, Schweizer und Österreicher benötigen einen Reisepass, aber kein Visum, wenn die Aufenthaltsdauer 90 Tage nicht überschreitet. Man kann die Aufenthaltsdauer einmal um weitere 90 Tage verlängern. Die Flughafensteuer von 29 US-Dollar, die bei der Ausreise fällig ist, ist in der Regel bereits im Preis für das Flugticket enthalten.

GESUNDHEIT

Es sind keine besonderen Impfungen vorgeschrieben. Eine Gelbsuchtimpfung ist jedoch empfehlenswert, wenn Sie länger durch Chaco und Formosa reisen. Es gibt auch einzelne Fälle von Cholera in Jujuy und Salta. Ungewaschene Früchte sollten Sie nicht essen. Leitungswasser kann in den Städten ohne Bedenken getrunken werden, denn es enthält Chlor. Auf Campingplätzen das Wasser unbedingt vor Gebrauch abkochen oder Mineralwasser kaufen. Die Behandlung in öffentlichen Hospitälern ist frei, aber in privaten Praxen und Kliniken werden Besucher grundsätzlich als Privatpatienten behandelt, daher ist der Abschluss einer privaten Reisekrankenversicherung unerlässlich.

INLANDSFLÜGE

In einem Land, das rund achtmal so groß ist wie Deutschland, ist das Flugzeug das geeignetste Mittel, um im Land voranzukommen. Das Flugnetz von Aerolíneas Argentinas/Austral *(www.aerolineas.com.ar)* und LAN *(www.lan.com)* verbindet vor allem die Hauptstadt mit den Provinzhauptstädten und Tourismuszentren. In den letzten Jahren begann Aerolíneas Argentinas ein Netz regionaler Flüge aufzubauen, das knapp zwei Dutzend Städte untereinander verbindet. Andes *(www.andesonline.com)* verbindet Salta mit Puerto Madryn, die staatliche LADE verbindet patagonische Flughäfen. Erst seit 2018 fliegen Lowcost-Airlines in Argentinien. FlyBondi *(www.flybondi.com)* fliegt von Buenos Aires für ca. 55 Dollar nach Salta und für ca. 60 Dollar nach San Carlos de Bariloche. Norwegian, Avianca und andere Airlines verbinden ab 2019 zahlreiche Ziele in Argentinien. Wenn Sie mit Aerolíneas Argentinas nach Argentinien fliegen, können Sie über das Programm Visit Argentina *(short.travel/arg12)* mehrere Flugstrecken – mindestens eine, maximal zwölf – zu ermäßigten Tarifen erwerben: von Buenos Aires nach El Calafate oder Salta 150 Dollar, nach Puerto Iguazú 127 Dollar, nach Ushuaia 177 Dollar. Die Flüge können auf eine Zeitspanne von bis zu 90 Tagen verteilt werden. Steuern und Gebühren sind in den genannten Preisen nicht inbegriffen.

INTERNETZUGANG & WLAN

Die Gebühren fürs Surfen betragen in Buenos Aires ab 0,50 Euro pro Stunde, im Landesinneren ist es etwas teurer. In fast jeder Telefonkabine *(locutorio)* gibt es auch Internetanschluss.

In Buenos Aires gibt es öffentliche WLAN-Zonen *(wi-fi)* in den Flughäfen, im Goethe-Institut *(Corrientes 319)*, in den Fußballstadien von Boca Juniors und River Plate, in den Cinemark-Kinosälen, in den meisten Cafés und Restaurants und auf der Fußgängerstraße Florida auf der Höhe 100–700 sowie auf den Straßen Carlos Pellegrini 400 und Corrientes 900 (um den Obelisken).

Auch in den U-Bahn- und Metrobus-Stationen und auf öffentlichen Plätzen der Hauptstadt gibt es freien Internetzugang (u. a. Plaza Houssay und Plaza Vicente López in Recoleta, Plaza Dorrego und Parque Lezama in San Telmo, Plaza Cortázar, Plaza Palermo Viejo und im Botanischen Garten in Palermo, Plaza Lavalle am Justizpalast und Plaza Congreso vor dem Kongressgebäude). Die YPF-Tankstellen bieten ebenfalls WLAN an. Die städtische App BA Wifi gibt die über 500 öffentlichen Hotspots in Buenos Aires an und verbindet mit ihnen.

Auch in anderen Städten nehmen WLAN-Zonen zu. In Mar del Plata, Pinamar, Villa Gesell, San Clemente del Tuyú und ein paar weiteren Ferienorten der Ostküste steht auch an den größeren Stränden drahtloser Internetzugang frei zur Verfügung. Die Provinz San Luis bietet auf ihrem gesamten Gebiet freien Internetzugang.

Aus Sicherheitsgründen sollte man stets etwas umsichtig sein, wo man sich im Freien mit einem Laptop hinsetzt und auch das Smartphone sollten Sie auf der Straße lieber nicht zu locker in der Hand halten.

MEDIEN

Die führenden Zeitungen in Argentinien sind Clarín *(www.clarin.com)*, die auflagenstärkste Zeitung, und die konservativere La Nación *(www.lanacion.com.ar)*. Eher linksgerichtet sind Página 12 *(www.pagina12.com.ar)* und Tiempo Argentino *(tiempo.infonews.com)*. Samstags erscheint das deutschsprachige Argentinische Tageblatt *(www.tageblatt.com.ar)*. TN *(tn.com*, von der Gruppe Clarín) und C5N *(c5n.com)* sind Nachrichtensender im Kabelfernsehen. Das Nachrichtenportal Infobae *(www.infobae.com)* und die staatliche Nachrichtenagentur Télam *(www.telam.com.ar)* sind ebenfalls ausgiebige Informationsquellen.

WAS KOSTET WIE VIEL?

Kaffee	2 Euro *für eine Tasse*
Imbiss	1 Euro *für eine empanada*
Wein	2 Euro *für ein Glas (0,2 l)*
Inlandsflug	90–160 Euro *für den Flug Buenos Aires–Salta und zurück*
Lederstiefel	150–250 Euro *für ein Paar Frauenstiefel*
Bus	7 Euro *für 100 km Überlandfahrt*

NOTRUF

Allgemeiner Notruf *Tel. 911*. Gleichzeitig gilt aber auch noch *Tel. 101* für die Polizei, *Tel. 107* für den Notarzt und *Tel. 100* für die Feuerwehr.

ÖFFENTLICHE VERKEHRSMITTEL

Argentinien verfügt über ein ausgezeichnetes Busnetz. Für eine Strecke von etwa 300 km zahlt man ca. 15 Euro. Von Buenos Aires nach Mendoza (1000 km) zahlen Sie um 75 Euro, nach Puerto Iguazú (1300 km) 80 Euro und nach San Carlos de Bariloche (1600 km) 90 Euro.Die argentinische Eisenbahn hat einen großen Teil des einst dichten Streckennetzes aufgegeben. Langsam wird es wieder ausgebaut. In Buenos Aires gibt es sechs U-Bahn-Linien, die auf 54 km die Stadt durchkreuzen. Die zahlreichen Lokalbusse, *colectivos* genannt, fahren streckenweise auf eigenen Spuren, die eine rasche Beförderung inmitten des üblichen Verkehrschaos ermöglichen.

ÖFFNUNGSZEITEN

Restaurants öffnen mittags meistens von 12.30 bis 16 Uhr und abends ungefähr von 20 bis 1 Uhr. Geschäfte sind meist von 10 bis 12.30 und von 16 bis 20 oder 21 Uhr geöffnet. In Buenos Aires bleiben die meisten Geschäfte über Mittag geöffnet, schließen dafür aber bereits gegen 19 Uhr. Supermärkte und Shoppingcenter sind jedoch meist bis 22 Uhr geöffnet. Generell schwanken die Öffnungszeiten je nach Provinz zum Teil beträchtlich, da es keine allgemeine gesetzliche Regelung gibt.

POST

Postämter sind meist montags bis freitags von 10 bis 18, samstags von 10 bis

WETTER IN BUENOS AIRES

	Jan.	Feb.	März	April	Mai	Juni	Juli	Aug.	Sept.	Okt.	Nov.	Dez.
Tagestemperaturen in °C	30	29	26	22	18	14	14	16	18	21	25	28
Nachttemperaturen in °C	17	17	16	12	9	5	6	6	8	10	14	16
Sonnenschein Stunden/Tag	10	9	8	7	6	5	5	6	6	7	9	9
Niederschlag Tage/Monat	10	17	10	10	9	8	9	9	10	11	10	11
Wassertemperaturen in °C	22	22	21	19	17	14	12	12	12	14	17	20

Sonnenschein Stunden/Tag Niederschlag Tage/Monat Wassertemperaturen in °C

13 Uhr geöffnet. Das Porto für eine Karte oder einen Brief bis 20 g nach Europa lag bei Redaktionsschluss bei 95 Pesos. *www.correoargentino.com.ar*

REISEZEIT

Die beste Reisezeit sind die südamerikanischen Sommermonate Oktober bis März. In der Nebensaison sind viele Hotels und Restaurants in den touristischen Zentren geschlossen. Im warmen Norden sind die Frühlings- und Herbstmonate zu bevorzugen. In Buenos Aires sind die angenehmsten Monate Oktober/November, wenn die violetten Jakarandabäume blühen. Aber auch der Winter hat seine Reize mit interessanten Angeboten für Wintersport in den Bergen und einem vielfältigen Kulturangebot in Buenos Aires.

SPRACHE

Das argentinische Spanisch weist leichte Abweichungen in Grammatik, Aussprache und Wortschatz zum europäischen Spanisch auf. Die meisten Argentinier sprechen nur wenig Englisch oder gar keine Fremdsprache.

STROM

Die Netzspannung beträgt 220 Volt. Mitgebrachte Elektrogeräte brauchen teilweise einen Adapter.

TAXI

Taxifahren ist relativ billig. Am günstigsten ist es in Buenos Aires. Am sichersten sind Funktaxis *(radiotaxís)*, die Sie auch per Telefon oder über die App BA Taxi bestellen können. Uber operiert auch in in Argentinien, wird aber von den Behörden nicht anerkannt und von den Taxifahrern manchmal aggressiv bekämpft.

TELEFON & HANDY

Vorwahlen: Argentinien *0054*, Deutschland *0049*, Schweiz *0041*, Österreich *0043*. Alle Handynummern beginnen in Argentinien mit 15; Achtung: Nun wird es kompliziert: Da in Argentinien auch die Handys an lokale Netze gebunden sind (für Buenos Aires z. B. 11), wählt man bei Mobilnummern die Vorwahl, dann 15, dann die Rufnummer. Wählt man sie aber vom Ausland an, muss man zwischen Landesvorwahl (0054) und Ortsvorwahl eine 9 wählen, die 15 nach der Ortsvorwahl in diesem Fall hingegen weglassen. Ein Telefonat nach Deutschland kostet pro Minute ca. 0,05 Euro (Schweiz und Österreich ca. 0,08 Euro). In Buenos Aires operieren zwei Telefonunternehmen mit unterschiedlichen Telefonkarten, die aber in allen Telefonzellen verwendbar sind.

TRINKGELD

Trinkgeld ist vor allem in Restaurants üblich; Richtwert: fünf bis zehn Prozent. Auch Taxifahrer, Fremdenführer und Hotelpersonal freuen sich über ein Trinkgeld.

ZEIT

Die mitteleuropäische Zeit ist der Argentiniens um vier, während der Sommerzeit in Europa um fünf Stunden voraus.

ZOLL

Die Einfuhr von Pflanzen und frischen Lebensmitteln ist verboten. Bei der Einreise sind Waren bis zu einem Wert von 300 Dollar frei. Bei Rückkehr in die EU sind u. a. 1 l Spirituosen, 4 l Wein und 200 Zigaretten sowie sonstige Waren bis zu einem Wert von 430 Euro vom Zoll befreit.

SPRACHFÜHRER ARGENTINISCH

AUSSPRACHE

c	vor „e, i" stimmloses „s" wie in „City"
ch	stimmloses deutsches „tsch" wie in „tschüss"
g	vor „e, i" wie deutsches „ch" in „Bach"
gue, gui/que, qui	das „u" ist immer stumm, wie deutsches „g"/„k"
j	immer wie deutsches „ch" in „Echo"
ll, y	stimmhaft, wie „g" in „Ingenieur" oder „j" in Journal
ñ	wie „gn" in „Champagner"

AUF EINEN BLICK

ja/nein/vielleicht	sí/no/tal vez
bitte/danke	por favor/gracias
Entschuldige!/Entschuldigen Sie!	¡Perdón!/¡Perdone!
Wie bitte?	¿Cómo?
Darf ich ...?	¿Puedo ... ?
Ich möchte .../Haben Sie ...?	Quiero .../¿Tiene ... ?
Wie viel kostet ...?	¿Cuánto cuesta ... ?
Das gefällt mir (nicht).	Esto (no) me gusta.
gut/schlecht/kaputt/funktioniert nicht	bien/mal/roto/no funciona
zu viel/viel/wenig/alles/nichts	demasiado/mucho/poco/todo/nada
Hilfe!/Achtung!/Vorsicht!	¡Ayuda!/¡Atención!/¡Cuidado!
Krankenwagen/Polizei/Feuerwehr	ambulancia/policía/bomberos
Verbot/verboten/Gefahr/gefährlich	prohibición/prohibido/peligro/peligroso

BEGRÜSSUNG & ABSCHIED

Gute(n) Morgen!/Tag!/Abend!/Nacht!	¡Buen día!/¡Buen día!/¡Buenas tardes!/¡Buenas noches!
Hallo!/Auf Wiedersehen!/Tschüss!	¡Hola!/¡Adiós!/¡Chau!
Ich heiße ...	Me llamo ...
Wie heißen Sie?/Wie heißt du?	¿Cómo se llama?/¿Cómo te llamás?
Ich komme aus ...	Vengo de ...

DATUMS- & ZEITANGABEN

Montag/Dienstag/Mittwoch	lunes/martes/miércoles
Donnerstag/Freitag/Samstag	jueves/viernes/sábado

¿Hablás Castellano?

„Sprichst du Argentinisch?" Dieser Sprachführer hilft Ihnen, die wichtigsten Wörter und Sätze auf Argentinisch zu sagen

Sonntag/Werktag/Feiertag	domingo/día laborable/feriado
heute/morgen/gestern	hoy/mañana/ayer
Stunde/Minute/Tag/Nacht	hora/minuto/día/noche
Woche/Monat/Jahr	semana/mes/año
Wie viel Uhr ist es?	¿Qué hora es?
Es ist drei Uhr./Es ist halb vier.	Son las tres./Son las tres y media.
Viertel vor vier/Viertel nach vier	cuatro menos cuarto/cuatro y cuarto

UNTERWEGS

offen/geschlossen	abierto/cerrado
Eingang/Einfahrt	entrada/entrada de autos
Ausgang/Ausfahrt	salida/salida de autos
Abfahrt/Abflug/Ankunft	salida/salida/llegada
Toiletten/Damen/Herren	baños/damas/caballeros
(kein) Trinkwasser	agua (no) potable
Wo ist ...?/Wo sind ...?	¿Dónde está ... ?/¿Dónde están ... ?
links/rechts	(a la) izquierda/(a la) derecha
geradeaus/zurück	derecho/de vuelta
nah/weit	cerca/lejos
Bus/Straßenbahn/U-Bahn/Taxi	ómnibus/tranvía/subte/taxi
Haltestelle/Taxistand	parada/parada de taxis
Parkplatz/Parkhaus	playa de estacionamiento/ estacionamiento cubierto
Stadtplan/(Land-)Karte	plano de la ciudad/mapa
Bahnhof/Hafen/Flughafen	estación de trenes/puerto/aeropuerto
Fahrplan/Fahrschein/Zuschlag	itinerario/boleto/plus
einfach/hin und zurück	ida/ida y vuelta
Zug/Gleis/Bahnsteig	tren/andén/andén
Ich möchte ... mieten.	Quiero ... alquilar.
ein Auto/ein Fahrrad/ein Boot	un auto/una bicicleta/un bote
Tankstelle/Benzin/Diesel	estación de servicio/nafta/gas oil
Panne/Werkstatt	problema mecánico/taller mecánico

ESSEN & TRINKEN

Reservieren Sie uns bitte für heute Abend einenTisch für vier Personen.	Resérvenos por favor una mesa para cuatro personas para esta noche.
auf der Terrasse/am Fenster	en la terraza/junto a la ventana
Die Speisekarte, bitte.	La carta, por favor.
Könnte ich bitte ... haben?	¿Podría tener ... por favor?
Flasche/Karaffe/Glas	botella/jarra/vaso

Messer/Gabel/Löffel	cuchillo/tenedor/cuchara
Salz/Pfeffer/Zucker/Essig/Öl	sal/pimienta/azúcar/vinagre/aceite
Milch/Sahne/Zitrone	leche/crema/limón
kalt/versalzen/nicht gar	frío/demasiado salado/crudo
mit/ohne Eis/Kohlensäure	con/sin hielo/gas
Vegetarier(in)/Allergie	vegetariano (vegetariana)/alergia
Ich möchte zahlen, bitte.	La cuenta, por favor.
Rechnung/Quittung/Trinkgeld	cuenta/factura/propina

EINKAUFEN

Wo finde ich ...?	¿Dónde puedo encontrar ... ?
Ich möchte .../Ich suche ...	Quiero .../Busco ...
Apotheke/Drogerie	farmacia/perfumería
Bäckerei/Markt	panadería/mercado
Einkaufszentrum/Kaufhaus	centro comercial/shopping
Lebensmittelgeschäft/Supermarkt	almacén/supermercado
Fotoartikel/Zeitungsladen	artículos fotográficos/quiosco de diarios
100 Gramm/1 Kilo	cien gramos/un kilo
teuer/billig/Preis/mehr/weniger	caro/barato/precio/más/menos
aus biologischem Anbau	de cultivo orgánico

ÜBERNACHTEN

Ich habe ein Zimmer reserviert.	Reservé una habitación.
Haben Sie noch ...?	¿Tiene aún ... ?
Einzelzimmer/Doppelzimmer	habitación simple/habitación doble
Frühstück/Halbpension/Vollpension	desayuno/media pensión/pensión completa
nach vorne/zum Meer/zum See	al frente/al mar/al lago
Dusche/Bad/Balkon/Terrasse	ducha/baño/balcón/terraza
Schlüssel/Zimmerkarte	llave/tarjeta de la habitación
Gepäck/Koffer/Tasche	equipaje/valija/cartera

BANKEN & GELD

Bank/Geldautomat/Geheimzahl	banco/cajero automático/clave secreta
Ich möchte ... Euro wechseln.	Quiero ... cambiar euros.
bar/Kreditkarte	efectivo/tarjeta de crédito
Banknote/Münze/Wechselgeld	billete/moneda/cambio

GESUNDHEIT

Arzt/Zahnarzt/Kinderarzt	médico/dentista/pediatra
Krankenhaus/Notfallpraxis	hospital/guardia de urgencias
Fieber/Schmerzen/entzündet/verletzt	fiebre/dolores/infectado/herido

Durchfall/Übelkeit/Sonnenbrand	diarrea/náuseas/insolación
Pflaster/Verband/Salbe/Creme	curita/venda/crema/crema
Schmerzmittel/Tablette/Zäpfchen	analgésico/píldora/supositorio

TELEKOMMUNIKATION & MEDIEN

Briefmarke/Brief/Postkarte	estampilla/carta/tarjeta postal
Ich brauche eine Telefonkarte fürs Festnetz.	Necesito una tarjeta telefónica para red fija.
Ich suche eine Prepaidkarte für mein Handy.	Quiero una tarjeta prepaga para mi celular.
Wo finde ich einen Internetzugang?	¿Dónde encuentro un acceso a internet?
wählen/Verbindung/besetzt	marcar/conexión/ocupado
Steckdose/Adapter/Ladegerät	toma eléctrica/adaptador/cargador
Computer/Batterie/Akku	computadora/pila/batería
At-Zeichen/E-Mail-Adresse	arroba/dirección de correo electrónico
Internetanschluss/WLAN	conexión a Internet/WiFi
E-Mail/Datei/ausdrucken	correo electrónico/archivo/imprimir

FREIZEIT, SPORT & STRAND

Strand/Strandbad	playa/balneario
Sonnenschirm/Liegestuhl	sombrilla/reposera
Ebbe/Flut/Strömung	marea baja/marea alta/corriente marina
(Schutz-)Hütte/Lawine	refugio/avalancha (de nieve)

ZAHLEN

0	cero	18	dieciocho
1	uno	19	diecinueve
2	dos	20	veinte
3	tres	21	veintiuno
4	cuatro	30	treinta
5	cinco	40	cuarenta
6	seis	50	cincuenta
7	siete	60	sesenta
8	ocho	70	setenta
9	nueve	80	ochenta
10	diez	90	noventa
11	once	100	cien
12	doce	200	doscientos
13	trece	1000	mil
14	catorce	2000	dos mil
15	quince	10000	diez mil
16	dieciséis	½	medio
17	diecisiete	¼	un cuarto

REISEATLAS

Verlauf der Erlebnistour „Perfekt im Überblick"
Verlauf der Erlebnistouren

Der Gesamtverlauf aller Touren ist auch in der herausnehmbaren Faltkarte eingetragen

 Bild: bei Cachi in der Provinz Salta

Unterwegs in Argentinien

Die Seiteneinteilung für den Reiseatlas finden Sie auf dem hinteren Umschlag dieses Reiseführers

A
B
C
1
2
3
4
5
6
4837
3273
4371
3464
8055
Tropic of Capricorn
OCÉANO PACÍFICO
Atacama
Perú-Chile Trench
Pisagua
P.N. Volcán Isluga
Salar de Coipasa
5321
Salar de Uyuni
P.N. Salar Huasco
Iquique
Pampa del Tamarugal
CORDILLERA DE LOS ANDES
Potosí
Sucre
Padilla
Río Mulatos
Azurduy
Vitichi
Choretix
Uyuni
Boyuibe
Cord. Central
BOLIVIA
Julaca
Cotagaita
Villamontes
Vn. Miño
5661
R.N. de Fauna Andina Eduardo Avaroa
Tupiza
Tarija
Quillagua
Vn. S. Pedro 6159
6020
Cord. de Lipez
Toco
Chuquicamata
La Quiaca
Tocopilla
Calama
Rinconada
Abra Pampa
Bermejo
Tartag
Yacu
Co. Zapaleri
5648
Jujuy
Mejillones
Susques
10
Pichanal
Salar de Atacama
Puntas Negras
Pta. Tetas
Baquedano
Antofagasta
Desierto de Atacama
5916
9
San Salvador de Jujuy
San Pedro
Co. Pular 6225
S. Antonio d.l. Cobres
6200
Gral. Güemes
Abra el Acay (4895)
Vn. Llullaillaco 6723
Salar de Arizaro
Nev. de Cachi
Los Vientos
SALTA
Salta
6380
Cachi
P.N. Llullaillaco
6100
Vn. Antofalla
La Viña
Metán
Taltal
2
Rosario de la Frontera
6600
Co. Galán
Trancas
La Fragua
Chañaral
Antofagasta de la Sierra
Burruyacú
Tucumán
Sta. María
SAN MIGUEL DE TUCUMÁN
Nev. Ojos del Salado 6893
Catamarca
Termas de Río Hondo
Caldera
Concepción
Copiapó
Co. Bonete
Andalgala
La Banda
Santiago del Estero
Pta. Cachos
6872
Copacabana
Carrizal Bajo
S. Fernando d. Valle de Cat.
Huasco
Vallenar
Va. Mazán
Co. del Toro
6250
Chumbicha
Salinas de Ambargasta
P.N. San Guillermo
Chilecito
Recreo
Sra. de Famatina
Pta. Carrizal
6380
Va. Unión
La Rioja
San Martín
Va. de
Salinas Grandes
La Rioja
La Serena
8
P.N. Talampaya
Patquía
Coquimbo
Rivadavia
San José
Dean Funes
Laguna Chiq
Pta. Lengua de Vaca
Ovalle
(4779)
Chamical
R. Jachal
Cruz
San Marcos
Calingasta
San Juan
Talacasto
Salsacate
Precordillera
Chepes
Illapel
CÓRD
Bermejo
2884
Sra. de Córdoba
San Juan
Villa Dolores
Los Vilos
6770
Cerro Mercedario
Quines
Río Tercero
La Ligua
6962
7
Jocoli
MENDOZA
San Luis
Viña del Mar
Co. Aconcagua
Guaymallén
Valparaíso
San Felipe
Godoy Cruz
San Luis
Río Cuarto
SANTIAGO D.C.
Co. Tupungato 6800
La Paz
Mercedes
San Antonio
Melipilla
San Bernardo
PUENTE ALTO
Beazley
Rancagua
San Rafael
Luis
Pichilemu
Monte Comán
Pampa
San Fernando
5189
Gral. Alvear
Unión
Realico
Licanten
Curicó
Mendoza
Constitución
Talca
3810
Co. el Nevado
Anchorena
Malargüe
Linares
R. Salado
Cauquenes
Santa Isabel
Victorica
Parral
Seca
Catrilo
Santa Rosa
Chillán
Vn. Domuyo 4710
La Pampa
Talcahuano
Gral. Acha
Concepción
Limay Mahuida
R. Colorado
Pta. Lavapié
Coronel
Chos Malal
Los Ángeles
25 de Mayo
Lebu
Neuquén
Puelches
Tiraiguén
Victoria
Río Negro
Curacautín
Añelo
R. Colorado
Isla Mocha
P.N. Conguillío
P.N. Lanín
Neuquén
Grl. Roca
Chelforó
Choele Choel
Temuco
Plaza Huincul
Río Colorado
Toltén
138

D
E
F
1
2
3
4
5
6
Corumbá
Capt. P. Lagerenza
P.N. Otuquis
Puerto Bahia Negra
Gral. E. A. Garay
P.N. Defensores del Chaco
Miranda
Anastácio
Fuerte Olimpo
P.N. de Sa. da Bodoquena
Mariscal Estigarribia
Pto. la Victoria
Filadelfia
Dr. P. P. Peña
Bela Vista
Pedro Juan Caballero
Ponta Porã
Ribas do Rio Pardo
Sertão de Camapuã
Água Clara
CAMPO GRANDE
Três Lagoas
Andradina
Sidrolândia
Maracaju
Rio Brilhante
Dourados
Pres. Epitácio
Pres. Prudente
Serra de Maracaju
PARAGUAY
BRASIL
Mato Grosso do Sul
Pozo Colorado
Concepción
Lima
San Pedro
San Estanislao
P.N. de Ilha Grande
Paranavaí
LONDRINA
Maringá
Apucarana
Umuarama
Salto del Guaira
Guaíra
Laguna Yema
Las Lomitas
Formosa
Cdte. Fontana
ASUNCIÓN
Luque
Cnl. Oviedo
Repr. de Itaipu
Cascavel
Cd. del Este
Foz do Iguaçu
P.N. do Iguaçu
Cataratas del Iguazu
Guarapuava
Quemado
Chaco
Pirané
Formosa
Villarrica
Los Frentones
San Juan Bautista
Yuty
Eldorado
Bernardo de Irigoyen
União da Vitória
Pres. Roque Sáenz Peña
Gral. Pinedo
Pilar
San Ignacio
Encarnación
Campo Viera
Oberá
Sta. Catarina
Joaçaba
Chapecó
Erechim
Va. Angela
Resistencia
Corrientes
San Lorenzo
Posadas
Esteros del Iberá
Misiones
Los Amores
Bella Vista
Santo Tomé
Sta. Rosa
Santo Ângelo
Carazinho
Passo Fundo
Cruz Alta
Coxilha Grande
S. Borja
Reconquista
Tostado
Goya
Corrientes
Vera
Mercedes
Itaqui
Santiago
Rio Grande do Sul
Vacaria
Caxias do Sul
Santa Maria
Sta. Cruz d.S.
Novo Hamburgo
Sauce
Monte Caseros
Uruguaiana
Alegrete
Cachoeira d.S.
Rosário
Canoas
PORTO ALEGRE
Santa Fe
La Paz
Bella Union
Artigas
Santana d.L.
Rivera
S. Gabriel
Caçapava d.S.
Rafaela
Federal
Concordia
Salto
Bagé
Camaquã
Boqueirão
Mostardas
Lagoa dos Patos
San Francisco
SANTA FE
Paraná
Villaguay
Entre Ríos
Tacuarembó
Pelotas
Paysandú
URUGUAY
Rio Grande
Jaguarão
Melo
Cañada de Gómez
Victoria
Casilda
ROSARIO
Gualeguaychu
Paso
Taim
Repr. del R. Negro
Treinta y Tres
Lagoa Mirim
Lagoa Mangueira
Venado Tuerto
S. Nicolas d.l. Arroyos
San Pedro
Fray Bentos
Dolores
Trinidad
Durazno
José P. Varela
Chuy
Pergamino
San Isidro
Junín
Luján
BUENOS AIRES
Florida
San José de Mayo
Minas
Rocha
Pta. del Diablo
Lincoln
Chivilcoy
Morón
Avellaneda
Quilmes
LA PLATA
MONTEVIDEO
Maldonado
Bragado
Saladillo
Pehuajó
Las Flores
Chascomús
Pipinas
Río de la Plata
Bahia Samborombón
OCÉANO
Río de la Plata Canyon
Dolores
Pta. Norte d. C. S. Antonio
Buenos Aires
Olavarria
Azul
Ayacucho
Grl. J. Madariaga
Pinamar
Villa Gesell
ATLÁNTICO
Grl. la Madrid
Tandil
Benito Juárez
Cnl. Pringles
Balcarce
MAR DEL PLATA
Pta. Mogotes
Miramar
Mar del Plata Canyon
250 km
155.35 mi
1243
Tres Arroyos
Irene
Cnl. Dorrego
Necochea
I. Trinidad
139

A
136
B
C
1
2
3
4
5
6
Talca
Chillán
Chanco
Concepción
Vn. Domuyo
4710
Pta. Lavapié
Coronel
Chos Malal
R. Colorado
Los Angeles
Lebu
Neuquén
Tiraiguén
Victoria
Añelo
Isla Mocha
Nueva Imperial
Curacautín
Neuquén
Zapala
Temuco
P.N. Conguillio
Plaza Huincul
1238
Toltén
P.N. Lanín
Loncoche
3776
R. Limay
Río
Valdivia
Riñihue
Vol. Lanín
Niebla
Junín de los Andes
El Cuy
La Unión
P.N. Puyehue
Sierra Colorada
Osorno
P.N. Nahuel Huapi
Co. Tronador
S. Carlos de Bariloche
Maquinchao
Puerto Montt
P.N. V.P. Rosales
3554
Igr. Jacobacci
Pargua
Norquinco
Sra. Añueque
1535
Ancud
Golfo de Ancud
2600
Gastre
P.N. Chiloé
Isla de Chiloé
Leleque
2470
Vn. Corcovado
Esquel
R. Chubut
Quellón
Golfo Corcovado
2300
Tecka
2652
I. Guafo
P.N. Corcovado
José d. S. Martín
Paso de Indios
Res. Nac. Las Guaitecas
P.N. I. Magdal.
P.N. Queulat
Chubut
Pto. Cisnes
Archipiélago de los Chonos
I. Guamblin
I. Magdalena
2960
Alto Río Senguer
L. Colhué Huapi
OCÉANO
I. Melchor
Pto. Aisén
Coyhaique
R. Mayo
Sarmiento
Pen. de Taitao
1372
L. Grl. Carrera
Perito Moreno
Las Heras
L. B. Aires
4058
R. Deseado
Co. S. Valentín
P.N. Laguna S. Rafael
1335
Co. Cojudo Blanco
3432
C. Tres Montes
3700
Golfo de Penas
Co. S. Lorenzo o Cochrane
Santa
PACÍFICO
I. Byron
Gran Altiplanicie Central
L. S. Martín
1120
I. Campana
Gdor. Gregores
I. P. Lynch
Co. Pirámide o Lautaro
L. Cardiel
I. Esmeralda
P.N. Bernardo O'Higgins
3380
Pto. Edén
Mte. Fitz Roy
Cruz
R. Chico
Isla Wellington
Acuerdo de 1998
3375
L. Viedma
Tres Lagos
I. Mornington
P.N. Los Glaciares
Pto.
I. Madre de Dios
El Calafate
L. Argentino
14
I. Duque de York
Esperanza
4530
I. Hanover
Co. Paine
2670
R. Turbio
I. D. de Almagro
R. Gallegos
Río Gallegos
3983
Puerto Natales
I. Contreras
Pta. Delgada
1285
Esto. de Magallanes
Manantiales
C. Deseado
Punta Arenas
I. Desolación
Pen. Brunswick
Isla Grande de Tierra del Fuego
4000
C. Froward
I. Sta. Inés
I. Clarence
2469
P.N. Alberto de Agostini
Ushuaia
Chile Trench
I. Londonderry
Pto. Williams
I. Hoste
P.N. Cabo de Hornos
250 km
155.35 mi
5063
CHILE
Patagonia
Cordillera Patagónica
Cordillera de los Andes

D
E
F
1
2
3
4
5
6
Samborombón
Catriló
Santa Rosa
Pampa
Limay Mahuida
Gral. Acha
Rivera
Olavarría
Azul
Dolores
137
Grl. J. Madariaga
Buenos Aires
Húmeda
Grl. la Madrid
Tandil
Ayacucho
Benito Juárez
Balcarce
Tornquist
1243
Cnl. Pringles
Irene
Tres Arroyos
MAR DEL PLATA
Pta. Mogotes
Miramar
Bahía Blanca
Cnl. Dorrego
Necochea
I. Trinidad
R. Colorado
Chelforó
Río Colorado
Choele Choel
Grl. Conesa
R. Negro
Stroeder
San Antonio Oeste
Bahía Anegada
Viedma
Carmen de Patagones
24
Golfo San Matías
Sierra Grande
Pta. Norte
Península Valdés
15
Telsen
Pto. Madryn
Pto. Pirámides
Trelew
Pta. Ninfas
Rawson
349
Punta Tombo
Pta. Tombo
Cabo Raso
Camarones
C. Dos Bahías
Mar Argentino
120
5349
Golfo San Jorge
53
OCÉANO ATLÁNTICO
C. Tres Puntas
Pto. Deseado
Bahía Laura
150
1395
Falkland Islands (U.K.)
(Islas Malvinas)
West Falkland
Mt. Adam
705
C. Dolphin
Mt. Usborne
681
Stanley
Weddell I.
322
C. Meredith
Falkland Sd.
East Falkland
1756
Tierra del Fuego
C. San Diego
Mte. Campana
1026
Estrecho de Le Maire
C. S. Juan
I. de los Estados
Burdwood Bank
West Scotia Ridge
Navarino
Is. Wollaston
2180
3973

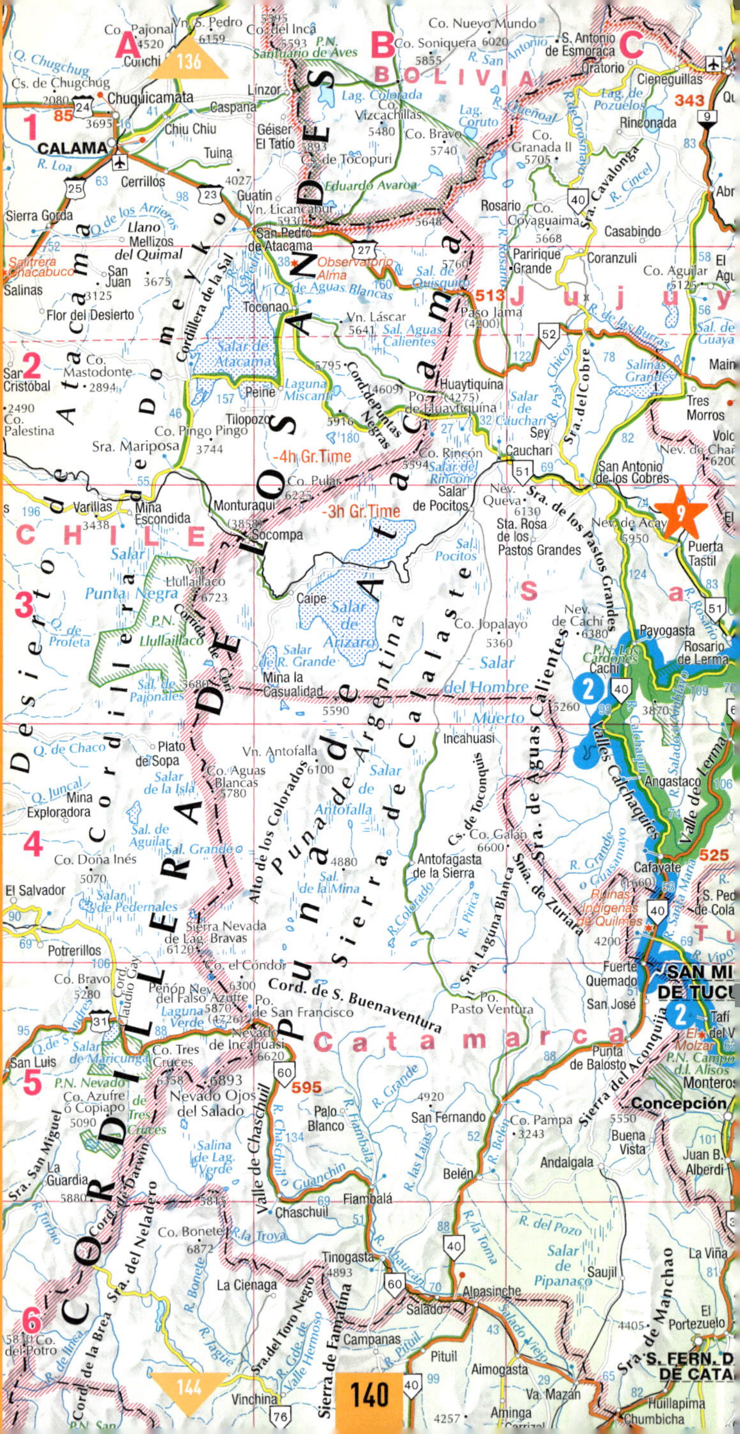
A
B
C
1
2
3
4
5
6
136
144
CALAMA
Chuquicamata
BOLIVIA
CHILE
Jujuy
Salta
Catamarca
CORDILLERA DE LOS ANDES
Desierto de Atacama
Cordillera de Domeyko
Puna de Atacama
Puna de Argentina
San Pedro de Atacama
Salar de Atacama
Salar de Arizaro
San Antonio de los Cobres
Cachi
Cafayate
SAN MIGUEL DE TUCUMAN
Concepción
Tinogasta
Fiambalá
Belén
Andalgalá
-4h Gr.Time
-3h Gr.Time
Paso Jama (4200)
Po. de San Francisco (4726)
Nevado Ojos del Salado 6893
Vn. Llullaillaco 6723
P.N. Llullaillaco
P.N. Nevado de Tres Cruces
Ruinas Indígenas de Quilmes
Observatorio Alma
El Salvador
Potrerillos
Antofagasta de la Sierra
Socompa
Chaschuil
Aimogasta

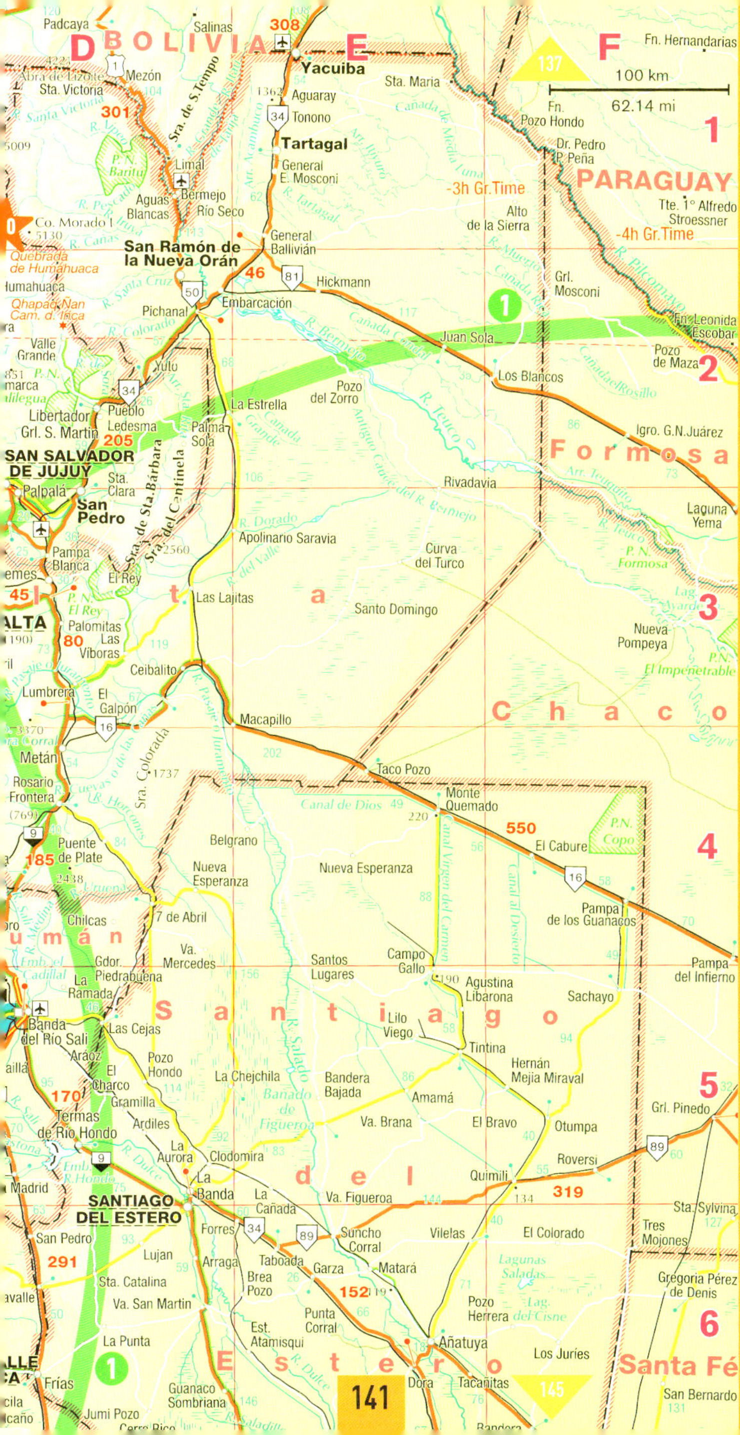

BOLIVIA
PARAGUAY
Formosa
Chaco
Salta
Tucumán
Santiago del Estero
Santa Fé
SAN SALVADOR DE JUJUY
SANTIAGO DEL ESTERO
Yacuiba
Tartagal
San Ramón de la Nueva Orán
Embarcación
Juan Sola
Los Blancos
Rivadavia
Apolinario Saravia
Las Lajitas
Santo Domingo
Macapillo
Taco Pozo
Monte Quemado
El Caburé
Pampa de los Guanacos
Campo Gallo
Tintina
Quimili
Añatuya
-3h Gr.Time
-4h Gr.Time
100 km
62.14 mi
137
145

A
B
C
1
2
3
4
5
6
137
146
100 km
62.14 mi
El Impenetrable
Chaco
Chaco Austral
Chaco Central
Formosa
Santa Fe
Entre Ríos
Mesopotamia
P.N. Copo
Sargento Ayte. Víctor Sanabria
Comandante Fontana
Tte. Grl. J.C. Sánchez
Rch. Monte Lindo Grande
Rch. Pilaga
Fortín Lavalle
Castelli
Pirané
Pampa del Indio
R. Bermejo
Rch. Negro
Rch. Salado
Arr. el Asustado
Rch. Nogueira
San Hilario
FORMOSA
San Francisco de Laishi
Km. 100
Herradura
Pampa de los Guanacos
Pampa del Infierno
Tres Isletas
Lag. Limpia
Grl. José de San Martín
Las Garcitas
Sachayo
Avia Teray
Pres. Roque Sáenz Peña
Quitilipi
Colonias Unidas
P.N. Chaco
Vélaz
R. de Oro
R. Guaycurú
Pilar
Isla Umbú
Villalba
Paso de Patria
Itatí
La Cuchilla
Las Breñas
Machagai
Pres. de la Plaza
Lapachito
Ft. Totoralito
Grl. Pinedo
Va. Berthet
Grl. Obligado
R. Negro
CORRIENTES
RESISTENCIA
Samuhú
Haumonía
Barranqueras
San Luis del Palmar
Cerrudo
Roversi
Va. Angela
Charadai
Rch. Palmera
R. Tapenaga
Sta. Sylvina
Tres Mojones
Palmar Grande
Mburucuyá
Florencia
Arr. Amores
San Lorenzo
Saladas
Gregoria Pérez de Denis
Los Amores
Las Toscas
Sta. Lucía
Va. Ocampo
Los Tábanos
Bella Vista
Va. Ana
Ingeniero Chanourdie
Esteros del Batel
San Bernardo
Colmena
Arr. del Rey
Las Garzas
R. Paraná Miní
Chavarría
Pozo Dulce
Fn. Charrúa
Fn. Olmos
Reconquista
Goya
Guaycurú
I. San Jerónimo
R. Corrientes
Perugorría
Arr. María Grande
Tostado
Las Gantas
Vera
Campo Garay
Lag. del Palmar
Arr. el Toba
Arr. Batelito
Arr. Sarandí
Arr. Avalos
Arr. Barrancas
Curuzú Cuatiá
Nueva Italia
Lag. Calchaquí
Las Aves
Ceres
Calchaquí
Alejandra
Esquina
Sauce
Huanquer
Arrufó
Agurá Grande
R. Calchaquí
Cnia. Teresa
Gdor. Crespo
Arr. Sal. Amargo
R. Guayquiraró
San Jaime
Monte Caseros
San Cristobal
María Eugenia
La Brava
San Víctor
San José de Feliciano
Colonia 10 de Julio
San Javier
R. Salado
Palacios
Elisa
Miñoes
Chajarí
Morteros
Humberto 1
San Justo
La Paz
Arr. Feliciano
Seeber
Sunchales
Naré
Federal
Helvecia
Santa Elena
Ombu
R. Gualeguay
Rafaela
Nuevo Turino
Nelson
Laguna Paiva
Arr. del Saladillo
Ruinas Cayastá
Hernandarias
Arr. Lucas
CONCORDIA
Va. Alcaraz
San Francisco
Esperanza
Angélica
SANTA FE
Río Paraná
Arr. el Tigre
Arr. Villaguay Grande
S. Salvador
Sastre
Sto. Tomé
El Pingo
PARANÁ
Viale
Paso de la Laguna
Villaguay
Ubajay
San Jorge
Matilde
Coronda
Gálvez
Arr. Moreira
Arr. Nogoyá
Cañada Rosquín
Diamante
P.N. Islas de Santa Fe
P.N. Pred.
Gdor. Solá
Rosario del Tala
Las Moscas
Colón

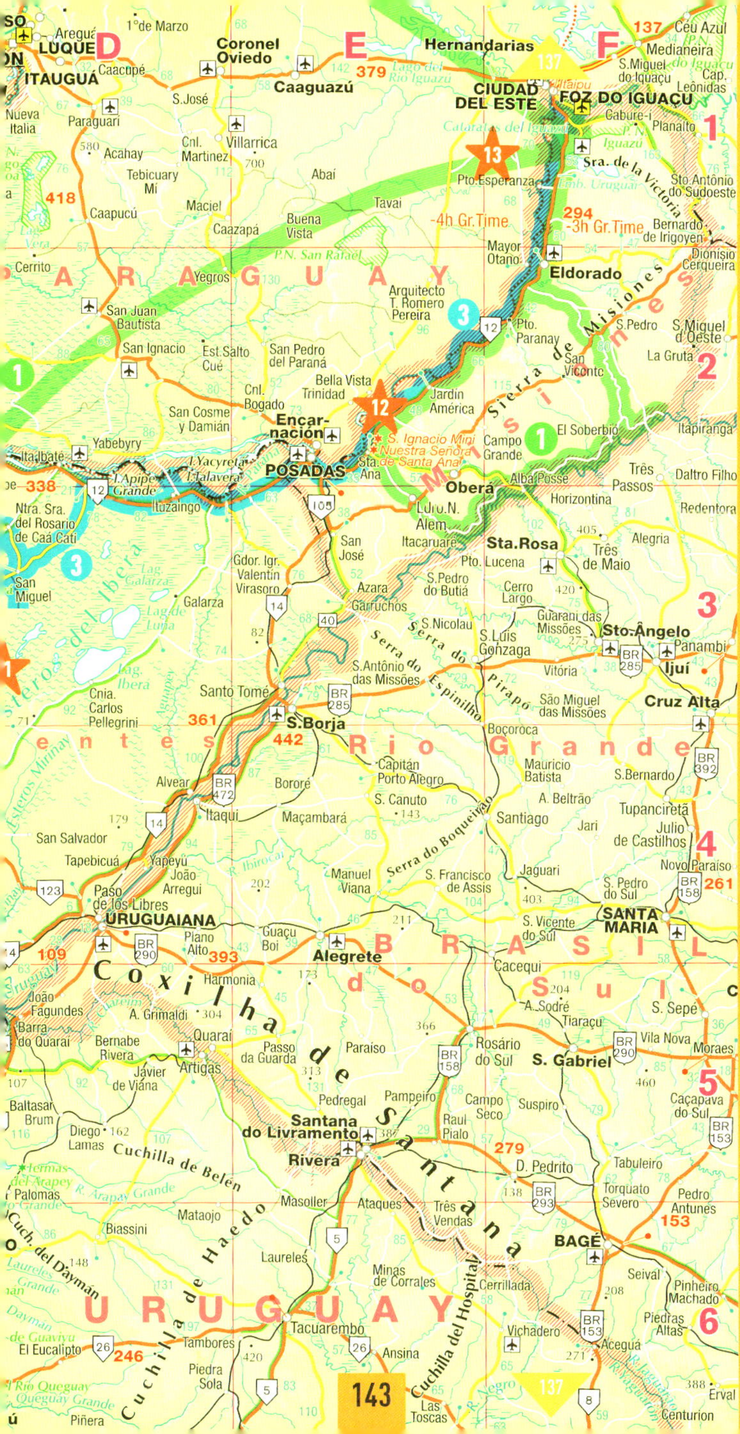

Areguá
1° de Marzo
LUQUE
ITAUGUÁ
Caacupé
Coronel Oviedo
Caaguazú
Hernandarias
CIUDAD DEL ESTE
FOZ DO IGUAÇU
Céu Azul
Medianeira
S.Miguel do Iguaçu
Cap. Leônidas
Lago del Río Iguazú
Itaipu
Cabure-i
P.N. Iguazú
Planalto
Cataratas del Iguazú
Nueva Italia
Paraguarí
S.José
Villarrica
Cnl. Martinez
Acahay
Tebicuary Mí
Abaí
Pto.Esperanza
Sra. de la Victoria
Emb. Uruguai
Sto.Antônio do Sudoeste
Caapucú
Maciel
Caazapá
Buena Vista
Tavai
-4h Gr.Time
-3h Gr.Time
Bernardo de Irigoyen
Mayor Otano
Eldorado
Dionísio Cerqueira
P.N. San Rafael
Cerrito
PARAGUAY
Yegros
Arquitecto T. Romero Pereira
San Juan Bautista
Pto. Paranay
S.Pedro
S.Miguel d'Oeste
San Ignacio
Est.Salto Cué
San Pedro del Paraná
Sierra de Misiones
San Vicente
La Gruta
Bella Vista
Trinidad
Cnl. Bogado
Jardín América
San Cosme y Damián
Encarnación
S. Ignacio Miní
Nuestra Señora de Santa Ana
Campo Grande
El Soberbio
Itapiranga
Yabebyry
Ita Ibaté
I. Yacyretá
I. Talavera
I. Apipé Grande
POSADAS
Sta. Ana
MISIONES
Oberá
Alba Posse
Três Passos
Dalto Filho
Horizontina
Ituzaingó
Ntra. Sra. del Rosario de Caá Cati
L.N. Alem
Redentora
San José
Itacaruaré
Sta.Rosa
Alegria
San Miguel
Lag. Galarza
Gdor. Igr. Valentín Virasoro
Pto. Lucena
Três de Maio
S.Pedro do Butiá
Azara
Garruchos
Cerro Largo
Galarza
Lag. de Luna
S.Nicolau
Guarani das Missões
Sto.Ângelo
Serra do Espinilho
S.Luís Gonzaga
Panambi
Serra do Pirapó
Vitória
Ijuí
Esteros del Iberá
S.Antônio das Missões
Lag. Iberá
Santo Tomé
São Miguel das Missões
Cruz Alta
Cnia. Carlos Pellegrini
S.Borja
Boçoroca
Corrientes
Rio Grande
Capitán Porto Alegro
Mauricio Batista
S.Bernardo
Esteros Miriñay
Alvear
Bororé
S. Canuto
A. Beltrão
Tupanciretã
Itaqui
Maçambará
Santiago
Jari
Julio de Castilhos
San Salvador
Serra do Boqueirão
Novo Paraíso
Tapebicuá
Yapeyú
João Arregui
R. Ibirocaí
Manuel Viana
S. Francisco de Assis
Jaguari
S. Pedro do Sul
Paso de los Libres
URUGUAIANA
S. Vicente do Sul
SANTA MARIA
Plano Alto
Guaçu Boi
Alegrete
BRASIL
Cacequi
Harmonia
do Sul
Coxilha de Santana
João Fagundes
A. Grimaldi
A. Sodré
Tiaraçu
S. Sepé
Barra do Quaraí
Quaraí
Vila Nova
Moraes
Bernabe Rivera
Passo da Guarda
Paraíso
Rosário do Sul
S. Gabriel
Artigas
Javier de Viana
Baltasar Brum
Pedregal
Pampeiro
Campo Seco
Suspiro
Caçapava do Sul
Diego Lamas
Santana do Livramento
Raul Pialo
Cuchilla de Belén
Rivera
D. Pedrito
Tabuleiro
Termas del Arapey
R. Arapey Grande
Palomas
Masoller
Ataques
Três Vendas
Torquato Severo
Pedro Antunes
Mataojo
Cuchilla de Haedo
Biassini
BAGÉ
Cuch. del Daymán
Laureles
Minas de Corrales
Cuchilla del Hospital
Cerrillada
Seival
Pinheiro Machado
URUGUAY
Tacuarembó
Vichadero
Piedras Altas
El Eucalipto
Tambores
Ansina
Aceguá
Piedra Sola
R. Jaguarão
Río Queguay
Queguay Grande
Piñera
Las Toscas
R. Negro
Erval
Centurion

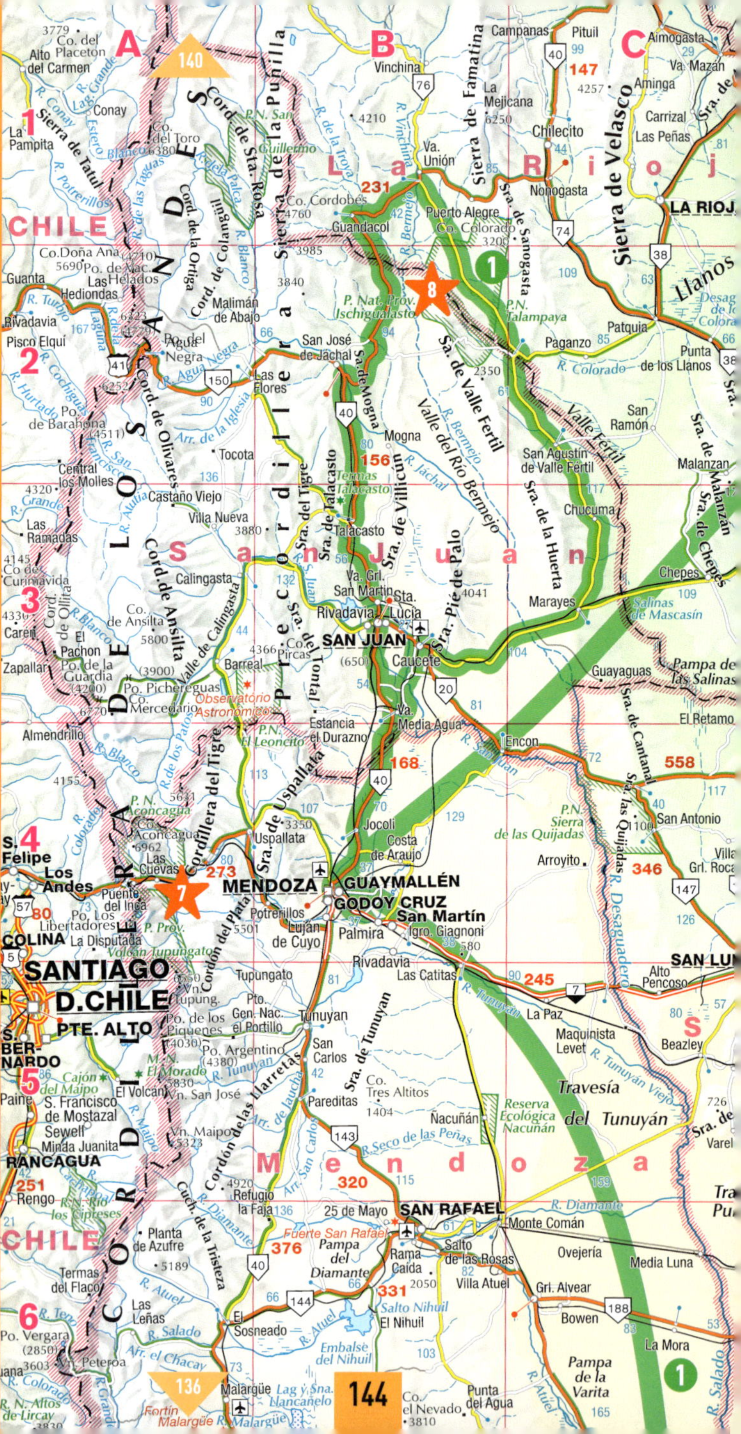

A
B
C
140
136
1
2
3
4
5
6
CHILE
CORDILLERA DE LOS ANDES
Precordillera
San Juan
La Rioja
Mendoza
Alto del Carmen
Co. del Placeton
Conay
La Pampita
Sierra de Tatul
Co. del Toro
Cord. de Sta. Rosa
Sierra de la Punilla
P.N. San Guillermo
Vinchina
Va. Unión
Sierra de Famatina
Campanas
Pituil
Aimogasta
Va. Mazán
Aminga
Carrizal
Las Peñas
La Mejicana
Chilecito
Nonogasta
Sierra de Velasco
LA RIOJA
Co. Cordobés
Guandacol
Puerto Alegre
Co. Colorado
Sra. de Sanogasta
Llanos
Co.Doña Ana
Po. de Mac.
Las Helados
Guanta
Hediondas
Rivadavia
Pisco Elquí
Malimán de Abajo
P. Nat. Prov. Ischigualasto
P.N. Talampaya
Patquia
Paganzo
Punta de los Llanos
San José de Jáchal
Las Flores
Sa. de Valle Fértil
Valle del Río Bermejo
R. Colorado
San Ramón
Po. de Barahona
Cord. de Olivares
Tocota
Mogna
San Agustín de Valle Fértil
Valle Fértil
Malanzan
Sra. de Malanzán
Central los Molles
Castaño Viejo
Villa Nueva
Termas Talacasto
Talacasto
Sra. de Villicum
Sra. de la Huerta
Chucuma
Las Ramadas
Calingasta
Va. Grl. San Martín
Sta. Lucía
Rivadavia
SAN JUAN
Caucete
Sra. Pie de Palo
Marayes
Chepes
Sra. de Chepes
Salinas de Mascasín
Co. de Ansilta
Cord. de Ansilta
Valle de Calingasta
El Pachon
Zapallar
Po. de la Guardia
Barreal
Co. Pircas
Sra. del Tontal
Po. Pichereguas
Co. Mercedario
Observatorio Astronómico
Va. Media Agua
Guayaguas
Pampa de las Salinas
El Retamo
Almendrillo
P.N. El Leoncito
Estancia el Durazno
Encon
Sra. de Cantanal
Sra. las Quijadas
San Antonio
P.N. Aconcagua
Co. Aconcagua
Las Cuevas
Cordillera del Tigre
Sra. de Uspallata
Uspallata
Jocoli
Costa de Araujo
P.N. Sierra de las Quijadas
Arroyito
Grl. Roca
S. Felipe
Los Andes
Puente del Inca
MENDOZA
GUAYMALLÉN
GODOY CRUZ
Potrerillos
Luján de Cuyo
Palmira
San Martín
Igro. Giagnoni
Po. Los Libertadores
COLINA
La Disputada
Volcán Tupungato
Cordón del Plata
Rivadavia
Las Catitas
SAN LUIS
Alto Pencoso
SANTIAGO D.CHILE
PTE. ALTO
Tupungato
Vn. Tupung.
Pto. Gen. Nac. el Portillo
Tunuyan
La Paz
Maquinista Levet
Beazley
S. BERNARDO
Po. de los Piuquenes
Po. Argentino
San Carlos
Sra. de Tunuyan
M.N. El Morado
Cajón del Maipo
El Volcán
Vn. San José
Paine
S. Francisco de Mostazal
Sewell
Minda Juanita
RANCAGUA
Vn. Maipo
Cordón de las Llarretas
Pareditas
Co. Tres Altitos
Ñacuñán
Reserva Ecológica Ñacuñán
Travesía del Tunuyán
R. Tunuyán Viejo
Sra. de Varela
R. Seco de las Peñas
Rengo
R.N. Río los Cipreses
Refugio la Faja
25 de Mayo
SAN RAFAEL
Monte Comán
R. Diamante
Fuerte San Rafael
Pampa del Diamante
Rama Caída
Salto de las Rosas
Villa Atuel
Ovejería
Media Luna
Planta de Azufre
Cuch. de la Tristeza
Termas del Flaco
Las Leñas
El Sosneado
Salto Nihuil
El Nihuil
Grl. Alvear
Bowen
La Mora
Po. Vergara
Vn. Peteroa
Embalse del Nihuil
Pampa de la Varita
R.N. Altos de Lircay
Malargüe
Fortín Malargüe
Lag. y Sna. Llancanelo
Co. el Nevado
Punta del Agua
R. Salado
R. Atuel
R. Desaguadero

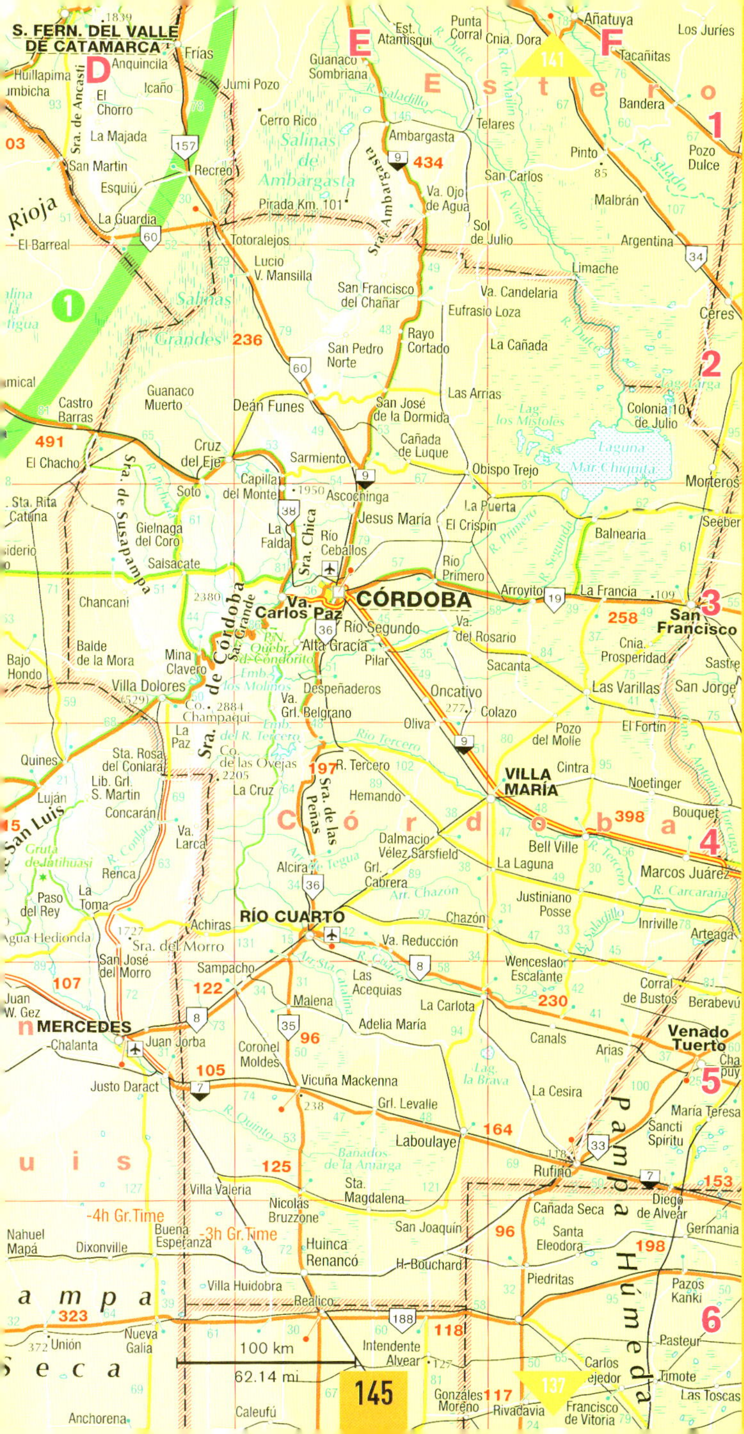
S. FERN. DEL VALLE DE CATAMARCA
Frías
Anquincila
Huillapima
El Chorro
Icaño
Jumi Pozo
Cerro Rico
Salinas de Ambargasta
La Majada
San Martín
Recreo
Esquiú
La Guardia
Rioja
El Barreal
Pirada Km. 101
Totoralejos
Lucio V. Mansilla
Salinas Grandes
Guanaco Sombriana
Est. Atamisqui
Punta Corral
Cnia. Dora
Añatuya
Tacañitas
Los Juríes
Estero
Bandera
Ambargasta
Telares
Sra. Ambargasta
Va. Ojo de Agua
San Carlos
Pinto
Pozo Dulce
Malbrán
Sol de Julio
Argentina
Limache
San Francisco del Chañar
Va. Candelaria
Eufrasio Loza
Ceres
Rayo Cortado
San Pedro Norte
La Cañada
Guanaco Muerto
Castro Barras
El Chacho
Deán Funes
San José de la Dormida
Las Arrias
Lag. los Mistoles
Laguna Mar Chiquita
Colonia 10 de Julio
Cañada de Luque
Sarmiento
Obispo Trejo
Morteros
Cruz del Eje
Capilla del Monte
Ascochinga
Soto
Sta. Rita Catuna
Sra. de Susapampa
Gielnaga del Coro
La Falda
Sra. Chica
Jesus María
La Puerta
El Crispín
Balnearia
Seeber
Río Ceballos
Salsacate
Río Primero
Chancaní
Va. Carlos Paz
CÓRDOBA
Arroyito
La Francia
San Francisco
Río Segundo
Va. del Rosario
Cnia. Prosperidad
Sastre
Balde de la Mora
Bajo Hondo
Mina Clavero
Sra. de Córdoba
Alta Gracia
Pilar
Sacanta
Las Varillas
San Jorge
Villa Dolores
Despeñaderos
Oncativo
Colazo
Co. Champaquí
Va. Grl. Belgrano
Oliva
Pozo del Molle
El Fortín
La Paz
Quines
Sta. Rosa del Conlara
Lib. Grl. S. Martin
Co. de las Ovejas
R. Tercero
Hernando
Cintra
VILLA MARÍA
Noetinger
Bouquet
Luján
San Luis
Concarán
La Cruz
Sra. de las Peñas
Córdoba
Va. Larca
Dalmacio Vélez Sarsfield
Bell Ville
Marcos Juárez
Renca
Alcira
Grl. Cabrera
La Laguna
Justiniano Posse
Paso del Rey
La Toma
Achiras
RÍO CUARTO
Chazón
Inriville
Arteaga
Agua Hedionda
Sra. del Morro
San José del Morro
Va. Reducción
Sampacho
Las Acequias
Wenceslao Escalante
Corral de Bustos
Berabevú
Juan W. Gez
MERCEDES
Malena
La Carlota
Chalanta
Juan Jorba
Coronel Moldes
Adelia María
Canals
Arias
Venado Tuerto
Chapuy
Justo Daract
Vicuña Mackenna
Lag. la Brava
La Cesira
Pampa Húmeda
María Teresa
Grl. Levalle
Laboulaye
Sancti Spíritu
Bañados de la Amarga
Rufino
Villa Valeria
Sta. Magdalena
Nicolás Bruzzone
Diego de Alvear
Cañada Seca
-4h Gr.Time
-3h Gr.Time
Nahuel Mapá
Dixonville
Buena Esperanza
San Joaquín
Santa Eleodora
Germania
Huinca Renancó
H. Bouchard
Piedritas
Villa Huidobra
Realicó
Pazos Kanki
Pampa
Unión
Nueva Galia
Intendente Alvear
Pasteur
Carlos Tejedor
Timote
Las Toscas
Seca
100 km
62.14 mi
Anchorena
Caleufú
Gonzáles Moreno
Rivadavia
Francisco de Vitoria

A
B
C
E
R
n
1
2
3
4
5
6
142
137
Las Bandurrias
El Trebol
Bañado de Irigoyen
P.N. Predelta
Barrancas
Costa Grande
Va. Ramirez
Aranguren
20 de Setiembre
Centeno
S.Genaro
Monje
P.N. Islas de Santa Fe
Las Cuevas
Molino Doll
Hernández
Nogoyá
Los Cardos
Diaz
Gaboto
Febre
Las Rosas
La California
Totoras
Carrizales
Maciel
Antelo
Oliveros
Victoria
Montoya
Salto Grande
Serodino
Timbúes
Isla del Pillo
Rincón de Nogoyá
Tres Bocas
Diaz
Las Parejas
Cañada de Gómez
Lucio V. Lopez
S. Lorenzo
Tortugas
Armstrong
Correa
Luis Palacios
Cap. Bermudes
Roldán
Carcarañá
Va. Eloísa
Pujato
Pérez
ROSARIO
Cruz Alta
R. Carcarañá
Casilda
Zavalla
Pueblo Nuevo
Arteaga
Los Molinos
Va. Gdor. Gálvez
Arequito
Sanford
Alvarez
Bombal
Posta de San Martín
Santa Fé
Va. Amelia
Va. Constitución
Chabás
Acebal
Arr. Pavon
SAN NICOLÁS DE LAS ARROYOS
Berabevú
Arr. Saladillo
Va. Muqueta
Sgt. Cabral
Islas de las Lechiguanas
Bigand
Sta. Teresa
Godoy
Firmat
Máximo Paz
Grl. Rojo
Ramallo
Bombal
J. B. Molina
R. Paraná
Alcorta
Peyrano
El Paraíso
Carreras
Grl. Gelly
Conesa
Chovet
Melincué
Guerrico
Gdor. Castro
Pearson
S. Pedro
Carmen
Juncal
Va. Angélica
Arr. del Medio
La Violeta
Río Tala
Chapuy
Lag. Melincué
Wheelwright
Pérez Millán
Hughes
Acevedo
Mariano H. Alfonso
Pergamino
Cnia. Velaz
Sta. Lucía
Igro. Moneta
Sta. Isabel
Colón
Runcimán
Merceditas
Maguire
Viña
Rancagua
R. Arrecifes
Va. Cañas
Sarasa
Carabelas
Ortiz Basualdo
Arrecifes
Sta. Coloma
La Luisa
Teodelina
Ferré
La Beba
Arroyo Dulce
Tacuarí
R. Salto
Duggan
Arribeños
Grl. Arenales
Rojas
Cap. Sarmiente
Ascensión
Hunter
Salto
S. Antonio de Areco
La Angelita
R. Rojas
Gahan
Carmen de Areco
Fn. Acha
Juan B. Alberdi
Rafael Obligado
Los Indios
Fn. Tiburcio
Inés Indart
Berdier
Tatay
Heavy
Lag. Mar Chiquita
Las Parvas
Agustina
Agustín Roca
Los Angeles
Gouin
Vedia
Leandro N. Alem
La Oriental
Buenos Aires
Tuyutí
Membrillar
San Patricio
Castilla
Junín
O'Higgins
Franklin
Lag. de Gómez
Chacabuco
Rawson
Román Báez
Rivas
Bermudes
Coliqueo
R. Salado
Merced
El Dorado
Triunvirato
Baigorrita
Emilio Ayarza
Suipacha
Laplacette
Grl. Pinto
Morse
Palemón Huergo
Irala
Gorostiaga
Balsa
Cnl. Mom
Bayauca
Grl. O'Brien
Chivilcoy
Lincoln
Zavalía
Warnes
Benítez
La Delfina
La Rica
Arenaza
Grl. Viamonte
Alberti
El Triunfo
San Emilio
Achupallas
Moll
Moquehuá
Ramon J. Neild
Bragado
Plá
R. Salado
Fn. Vigilancia
C. M. Naón
Asamblea
Norberto de la Riestra
El Tejar
Olascoaga
Anderson
Quiroga
Las Toscas
Comodoro Py
Araujo
Martín Berraonda
Cnl. Martínez de Hoz
Dennehy
Ortiz de Rozas
La Niña
Lucas Monteverde
Moctezuma
9 de Julio
Patriciós
25 de Mayo
Smith
Gdor. Arias
French
Mauricio Hirsch
Islas
Cazón
Polvaredas
Pedro Gamen
12 de Octubre
Esther
Sto. Tomás
Carlos Casares
Valdés
Pueblitas
Saladillo
Alvarez de Toledo
Dudignac
Mamaquita
Pehuajó
Chiclana
Cadret
Santos Unzué
Mosconi
San Enrique
La Barrancosa
Ordoqui
Corbett

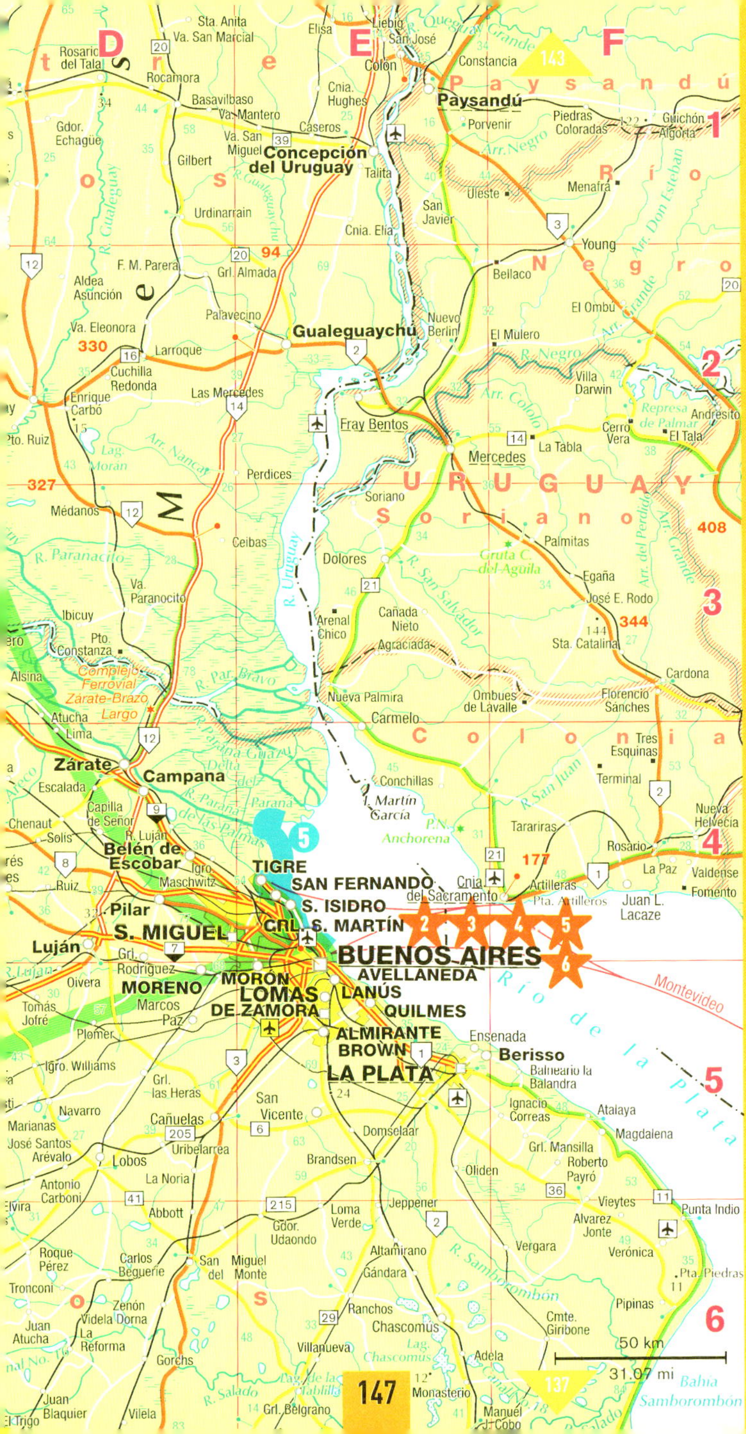
143
Paysandú
Concepción del Uruguay
Gualeguaychú
Fray Bentos
Mercedes
URUGUAY
Soriano
Colonia
Río Negro
Dolores
Carmelo
Nueva Palmira
Zárate
Campana
Belén de Escobar
TIGRE
SAN FERNANDO
S. ISIDRO
GRL. S. MARTÍN
S. MIGUEL
Pilar
Luján
MORENO
MORÓN
LOMAS DE ZAMORA
BUENOS AIRES
AVELLANEDA
LANÚS
QUILMES
ALMIRANTE BROWN
LA PLATA
Berisso
Ensenada
Cnia. del Sacramento
Río de la Plata
Montevideo
Chascomús
Magdalena
Punta Indio
Young
Cardona
Rosario
Colón
Liebig
San José
Basavilbaso
Rosario del Tala
Gdor. Echagüe
Urdinarrain
Larroque
Médanos
Ceibas
Brandsen
San Vicente
Cañuelas
Lobos
San Miguel del Monte
Ranchos
50 km
31.07 mi
137

KARTENLEGENDE

Autobahn, mehrspurige Straße - in Bau Highway, multilane divided road - under construction		Autoroute, route à plusieurs voies - en construction Autopista, carretera de más carriles - en construcción
Fernverkehrsstraße - in Bau Trunk road - under construction		Route à grande circulation - en construction Ruta de larga distancia - en construcción
Hauptstraße Principal highway		Route principale Carretera principal
Nebenstraße Secondary road		Route secondaire Carretera secundaria
Fahrweg, Piste Practicable road, track		Chemin carrossable, piste Camino vecinal, pista
Straßennummerierung Road numbering	13 BR 230 1	Numérotage des routes Numeración de carreteras
Entfernungen in km Distances in km	259 130 129	Distances en km Distancias en km
Höhe in Meter - Pass Height in meters - Pass	1365	Altitude en mètres - Col Altura en metros - Puerto de montaña
Eisenbahn Railway		Chemin-de-fer Ferrocarril
Autofähre - Schifffahrtslinie Car ferry - Shipping route		Bac autos - Ligne maritime Transportador de automóviles - Ferrocarriles
Wichtiger internationaler Flughafen - Flughafen Major international airport - Airport		Aéroport important international - Aéroport Aeropuerto importante internacional - Aeropuerto
Internationale Grenze - Bundesstaatengrenze International boundary - federal boundary		Frontière nationale - Frontière fédérale Frontera nacional - Frontera federal
Unbestimmte Grenze Undefined boundary		Frontière d'État non définie Frontera indeterminada
Zeitzonengrenze Time zone boundary	-4h Greenwich Time -3h Greenwich Time	Limite de fuseau horaire Límite del huso horario
Hauptstadt eines souveränen Staates National capital	BOGOTÁ	Capitale nationale Capital de un estado soberano
Hauptstadt eines Bundesstaates State capital	BOA VISTA	Capitale d'un état fédéral Capital de estado
Sperrgebiet Restricted area		Zone interdite Zona prohibida
Indianerreservat - Nationalpark Indian reservation - National park		Réserve d'indiens - Parc national Reserva de indios - Parque nacional
Sehenswertes Kulturdenkmal Interesting cultural monument	Uxmal	Monument culturel intéressant Monumento cultural de interés
Sehenswertes Naturdenkmal Interesting natural monument	Agua Azul Cascades	Monument naturel intéressant Monumento natural de interés
Brunnen, Salzsee Well, Salt lake		Puits, Lac salé Pozo, Lago salado
MARCO POLO Erlebnistour 1 MARCO POLO Discovery Tour 1		MARCO POLO Tour d'aventure 1 MARCO POLO Recorrido aventura 1
MARCO POLO Erlebnistouren MARCO POLO Discovery Tours		MARCO POLO Tours d'aventure MARCO POLO Recorridos de aventura
MARCO POLO Highlight	1	MARCO POLO Highlight

FÜR IHRE NÄCHSTE REISE ...

ALLE MARCO POLO REISEFÜHRER

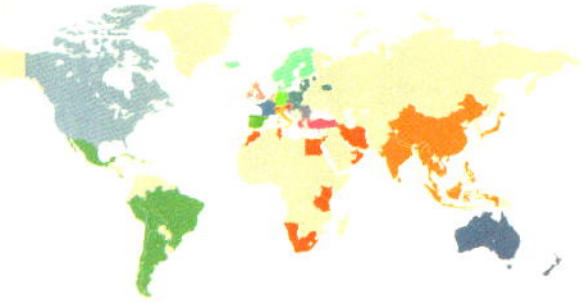

DEUTSCHLAND
Allgäu
Bayerischer Wald
Berlin
Bodensee
Chiemgau/
Berchtesgadener
Land
Dresden/
Sächsische Schweiz
Düsseldorf
Eifel
Erzgebirge/
Vogtland
Föhr & Amrum
Franken
Frankfurt
Hamburg
Harz
Heidelberg
Köln
Lausitz/Spreewald/
Zittauer Gebirge
Leipzig
Lüneburger Heide/
Wendland
Mecklenburgische
Seenplatte
Mosel
München
Nordseeküste
Schleswig-Holstein
Oberbayern
Ostfriesische Inseln
Ostfriesland/Nord-
seeküste Nieder-
sachsen/Helgoland
Ostseeküste
Mecklenburg-
Vorpommern
Ostseeküste
Schleswig-Holstein
Pfalz
Potsdam
Rheingau/
Wiesbaden
Rügen/Hiddensee/
Stralsund
Ruhrgebiet
Schwarzwald
Stuttgart
Sylt
Thüringen
Usedom/Greifswald
Weimar

ÖSTERREICH SCHWEIZ
Kärnten
Österreich
Salzburger Land
Schweiz
Steiermark
Tessin
Tirol
Wien
Zürich

FRANKREICH
Bretagne
Burgund
Côte d'Azur/
Monaco
Elsass
Frankreich
Französische
Atlantikküste
Korsika
Languedoc-
Roussillon
Loire-Tal
Nizza/Antibes/
Cannes/Monaco
Normandie
Paris
Provence

ITALIEN MALTA
Apulien
Dolomiten
Elba/Toskanischer
Archipel
Emilia-Romagna
Florenz
Gardasee
Golf von Neapel
Ischia
Italien
Italienische Adria
Italien Nord
Italien Süd
Kalabrien
Ligurien/
Cinque Terre
Mailand/
Lombardei
Malta & Gozo
Oberital. Seen
Piemont/Turin
Rom
Sardinien
Sizilien/
Liparische Inseln
Südtirol
Toskana
Venedig
Venetien & Friaul

SPANIEN PORTUGAL
Algarve
Andalusien
Azoren
Barcelona
Baskenland/
Bilbao
Costa Blanca
Costa Brava
Costa del Sol/
Granada
Fuerteventura
Gran Canaria
Ibiza/Formentera
Jakobsweg
Spanien
La Gomera/
El Hierro
Lanzarote
La Palma
Lissabon
Madeira
Madrid
Mallorca
Menorca
Portugal
Spanien
Teneriffa

NORDEUROPA
Bornholm
Dänemark
Finnland
Island
Kopenhagen
Norwegen
Oslo
Schweden
Stockholm
Südschweden

WESTEUROPA BENELUX
Amsterdam
Brüssel
Cornwall & Devon
Dublin
Edinburgh
England
Flandern
Irland
Kanalinseln
London
Luxemburg
Niederlande
Niederländische
Küste
Oxford
Schottland
Südengland

OSTEUROPA
Baltikum
Budapest
Danzig
Krakau
Masurische Seen
Moskau
Plattensee
Polen
Polnische
Ostseeküste/
Danzig
Prag
Slowakei
St. Petersburg
Tallinn
Tschechien
Ungarn
Warschau

SÜDOSTEUROPA
Bulgarien
Bulgarische
Schwarzmeerküste
Kroatische Küste
Dalmatien
Kroatische Küste
Istrien/Kvarner
Montenegro
Rumänien
Slowenien

GRIECHENLAND TÜRKEI ZYPERN
Athen
Chalkidiki/
Thessaloniki
Griechenland
Festland
Griechische Inseln/
Ägäis
Istanbul
Korfu
Kos
Kreta
Peloponnes
Rhodos
Sámos
Santorin
Türkei
Türkische Südküste
Türkische Westküste
Zákinthos/Itháki/
Kefallonia/Lefkas
Zypern

NORDAMERIKA
Chicago und
die Großen Seen
Florida
Hawai'i
Kalifornien
Kanada
Kanada Ost
Kanada West
Las Vegas
Los Angeles
New York
San Francisco
USA
USA Ost
USA Südstaaten/
New Orleans
USA Südwest
USA West
Washington D.C.

MITTEL- UND SÜDAMERIKA
Argentinien
Brasilien
Chile
Costa Rica
Dominikanische
Republik
Jamaika
Karibik/
Große Antillen
Karibik/
Kleine Antillen
Kuba
Mexiko
Peru & Bolivien
Yucatán

AFRIKA UND VORDERER ORIENT
Ägypten
Djerba/
Südtunesien
Dubai
Iran
Israel
Jordanien
Kapstadt/
Wine Lands/
Garden Route
Kapverdische
Inseln
Kenia
Marokko
Marrakesch
Namibia
Oman
Rotes Meer & Sinai
Südafrika
Tansania/Sansibar
Tunesien
Vereinigte
Arabische Emirate

ASIEN
Bali/Lombok/Gilis
Bangkok
China
Hongkong/Macau
Indien
Indien/Der Süden
Japan
Kambodscha
Ko Samui/
Ko Phangan
Krabi/
Ko Phi Phi/
Ko Lanta/Ko Jum
Malaysia
Myanmar
Nepal
Peking
Philippinen
Phuket
Shanghai
Singapur
Sri Lanka
Thailand
Tokio
Vietnam

INDISCHER OZEAN UND PAZIFIK
Australien
Malediven
Mauritius
Neuseeland
Seychellen

Viele MARCO POLO Reiseführer gibt es auch als eBook – und es kommen ständig neue dazu!
Checken Sie das aktuelle Angebot einfach auf: www.marcopolo.de/e-books

REGISTER

Im Register sind alle in diesem Reiseführer erwähnten Orte und Ausflugsziele verzeichnet. Nationalparks finden Sie unter dem jeweiligen Namen des Parks. Gefettete Seitenzahlen verweisen auf den Haupteintrag.